Dar sentido à vida

Coleção Práticas para o Bem Viver

– *O desapego – Diga sim à vida!*
Rosette Poletti e Barbara Dobbs

– *A resiliência – A arte de dar a volta por cima*
Rosette Poletti e Barbara Dobbs

– *A auto-estima – Um bem essencial*
Rosette Poletti e Barbara Dobbs

– *Aceitar o que existe*
Rosette Poletti e Barbara Dobbs

– *Dar sentido à vida*
Rosette Poletti e Barbara Dobbs

Dados Internacionais de Catalogação na Publicação (CIP)
(Câmara Brasileira do Livro, SP, Brasil)

Poletti, Rosette
Dar sentido à vida / Rosette Poletti, Barbara Dobbs ; tradução de Stephania Matousek. – Petrópolis, RJ : Vozes, 2008. – (Coleção Práticas para o Bem Viver)

Título original: Donner du sens à sa vie.
Bibliografia.
ISBN 978-85-326-3617-1

1. Autoconhecimento 2. Conduta de vida 3. Crescimento espiritual 4. Crescimento pessoal 5. Realização pessoal 6. Vida I. Dobbs, Barbara. II. Título. III. Série.

07-10352 CDD-158.1

Índices para catálogo sistemático:

1. Auto-realização : Psicologia aplicada 158.1
2. Sentido da vida : Psicologia aplicada 158.1

Rosette Poletti
Barbara Dobbs

Dar sentido à vida

Tradução de Stephania Matousek

EDITORA
VOZES

Petrópolis

Chemin du Guillon 20
Case 184
CH-1233 – Bernex
http://www.editions-jouvence.com
info@editions-jouvence.com

Título original francês: *Donner du sens à sa vie*

Direitos de publicação em língua portuguesa:
2008, Editora Vozes Ltda.
Rua Frei Luís, 100
25689-900 Petrópolis, RJ
Internet: http://www.vozes.com.br
Brasil

Diretor editorial
Frei Antônio Moser

Editores
Ana Paula Santos Matos
José Maria da Silva
Lídio Peretti
Marilac Loraine Oleniki

Secretário executivo
João Batista Kreuch

Editoração: Dora Beatriz V. Noronha
Projeto gráfico: AG.SR Desenv. Gráfico
Capa: WM design

ISBN 978-85-326-3617-1 (edição brasileira)
ISBN 2-88353-252-4 (edição suiça)

Este livro foi composto e impresso pela Editora Vozes Ltda.

Há alguma coisa faltando na minha vida e é com relação à minha necessidade de entender o que eu devo fazer e não o que eu devo saber... Eu preciso entender minha razão de viver, ver o que Deus quer que eu faça e isso significa que eu devo encontrar uma verdade que seja verdadeira para mim, que eu devo achar essa idéia pela qual posso viver e morrer.

Sören Kirkegaard

Sumário

Introdução

Para que serve a vida? Haveria algum sentido nas dificuldades que atravessamos? Para que devemos nos levantar de manhã? Será que todos os esforços que fazemos no intuito de vencermos na vida servem para alguma coisa?

Essas perguntas, repetidas infinitamente por doentes, jovens, idosos, moribundos e pessoas de luto, ecoam em nós. Encontrar o sentido, dar sentido, eis o desafio que nos é apresentado, a cada um de nós, a cada ser humano.

Durante séculos, a religião ofereceu aos praticantes respostas claras quanto ao sentido de suas vidas: o sofrimento e as aflições de todos os tipos eram toleráveis uma vez que seriam compensadas por um paraíso no qual aqueles que teriam sofrido aqui embaixo receberiam sua justa recompensa.

Os fiéis esperavam que seus padres e pastores lhes indicassem o caminho a ser seguido, que eles os encorajassem e lhes tornassem preciso o sentido da vida.

Tudo isso mudou bastante. Hoje em dia, uma pessoa é colocada face a face com essa exigência existencial: dar sentido à vida. Ela ainda pode, é claro, procurar no coração de sua religião algo que lhe ajude a dar esse sentido, mas o mais freqüente é que ela deseje compreender e discernir o que é certo para ela, o que "faz" sentido. Ela deseja encarnar esse sentido em sua vida cotidiana.

Por diversas vezes, nós perguntamos a grupos de profissionais que cuidam de pessoas ou a estudantes o que era, para eles, o sentido da vida.

Recebemos respostas variadas que evidenciaram que o que dá sentido à vida é diferente para cada ser humano. Não há uma maneira única de dar sentido à vida, nada pode ser generalizado. Cada destino é diferente e cada época imprime crenças e dados particulares àqueles que as vivem.

O que é comum a todas as épocas, em todas as latitudes e camadas da sociedade é a busca por uma resposta ao problema do sentido. Desde a história de Jó, coberto de úlceras, que interroga a Deus sobre as razões de seu sofrimento imerecido, até a mãe desconsolada que chora a morte de seu filho, hoje, as perguntas lancinantes são repetidas ao longo dos tempos: por que isso? Por que eu? Por que agora? Há algum sentido nisso? Será que posso dar sentido ao que estou vivendo? Qual é o sentido da minha vida?

Vários sistemas de pensamento e religiões tentaram trazer respostas a essas questões. E, no entanto, cada pessoa, em sua situação específica, tem a responsabilidade de discernir e, em seguida, aceitar a resposta que pode apoiá-la em relação ao seu fardo e ao que tem de viver em seu cotidiano.

Neste modesto livro, temos a intenção de propor algumas reflexões sobre a maneira de dar sentido à vida. Não se trata de receitas, nem de verdade; mas, ao contrário, é a partir de experiências compartilhadas, histórias vividas e conceitos propostos por sábios e pesquisadores que abordaremos a questão.

Nós convidamos você, amigo leitor, a nos acompanhar nessa busca de elementos de compreensão que permitam realmente dar sentido à vida.

Cada um possui uma vocação ou missão específica na vida [...] de tal modo que cada um é único e insubstituível, pois sua vida não pode jamais ser reproduzida. A tarefa de qualquer pessoa é única, no sentido de que somente ela pode realizar essa oportunidade única.

Viktor Frankl. *Découvrir un sens à sa vie avec la logothérapie.* Montreal: Éd. de l'Homme, 1988[1].

---

1. Livros em português: *Em busca de sentido: um psicólogo no campo de concentração*. Petrópolis: Vozes, 1991, e *Sede de sentido – Neurotização da humanidade ou reumanização da psicoterapia?* São Paulo: Quadrante/Publicações Culturais, 1989.

O que significa "dar sentido à vida"

Dar sentido à vida: três palavras tão carregadas, tão complexas, tão determinantes na vida de uma pessoa.

Dar sentido... Essa tarefa pode ser bem diferente de um indivíduo para outro.

Em primeiro lugar, há aqueles que não se colocam essa questão. Embrutecidos por um trabalho escravo, milhões de seres humanos se preocupam apenas em conseguir proporcionar a próxima refeição às suas famílias, encontrar meios de se abrigar e se vestir.

Para outros, uma religião imposta fornece as respostas a todas as perguntas que podem surgir; só é preciso aceitar e se submeter ao destino ou ao que a divindade quis.

Para outros ainda, a vida é tão dura, que as questões de sentido não vêm à tona, é necessário seguir em frente e ponto final.

Em nossas sociedades materialistas, freqüentemente é o dinheiro e as coisas materiais que dão uma espécie de sentido: eu sou alguém porque ganho bastante, tenho uma casa, um belo carro, um barco e meu objetivo é comprar uma casa de praia na Flórida.

De uma maneira mais banal, pode ser a rotina cotidiana que anestesia a busca de sentido até o momento em que se é sacudido bruscamente por uma doença, luto ou morte. Pode-se provavelmente viver toda uma vida empurrando com a barriga as questões de sentido, mas, querendo ou não, na hora das grandes crises da vida, elas reaparecem, em especial quando a morte se aproxima.

Nesses últimos momentos, perguntamo-nos sempre:

– Minha vida teve um sentido?

– Consegui lhe dar sentido?

– Fiz com que meus talentos se frutificassem?

– Satisfiz as minhas aspirações profundas?

– Escolhi o que era essencial ou me contentei com o irrisório?

– Como minha vida foi útil ao universo no qual vivi?

– Como respondi às necessidades espirituais profundas do meu ser?

Dar sentido à vida: isso pode ser feito de várias maneiras. Nos capítulos que se seguem, abordaremos essa questão sob diversos ângulos.

O sentido enquanto direção a ser seguida

Dar sentido à vida é para muitos responder a uma vocação, aceitar uma missão, satisfazer uma aspiração profunda baseada em valores.

Nestes últimos anos, criticou-se bastante a palavra vocação, numa tentativa de reservá-la às vocações religiosas. Nesse campo, parte-se da hipótese de que é Deus quem chama um homem ou uma mulher a lhe consagrar sua vida e assumir uma tarefa particular. Essa é uma concepção bastante restritiva. Uma pessoa pode se sentir "chamada" a realizar um projeto específico, abraçar uma profissão ou viver de uma certa maneira pelo fato de tomar consciência dos talentos que lhes são próprios, pelo desejo de dedicar sua vida aos valores que lhes são essenciais. Esse "chamado" profundo também é uma vocação.

No entanto, prefere-se atualmente os termos "missão" ou "objetivo".

Essa constitui a primeira forma de dar sentido à vida e isso pode representar percursos bem diferentes.

Para Yvette, por exemplo, dar sentido à vida foi "atender a um chamado", a uma vocação. Aos dezoito anos de idade, quando estava terminando o Ensino Médio, entrou para uma ordem religiosa. Há 38 anos é missionária-professora na Índia.

Todos os dias, contribui para a melhora das condições de vida dos adolescentes que estão sob sua responsabilidade; ela sacrificou sua família, seu país, o calor de uma família e a experiência extraordinária da maternidade para atender a um chamado misterioso que percebeu em si mesma. Foi até o outro lado do mundo para anunciar, através de sua atitude e ação, seu amor pelo Deus que adora.

Esse modo de dar sentido à vida parece simples à primeira vista, mas, na realidade, exige uma nova decisão cotidianamente, pois dificuldades é o que não falta. No entanto, o apoio da comunidade e a "prática" religiosa várias vezes ao dia através de ofícios e missas lhe permitem viver plenamente "esse sentido para a vida" que ela escolheu e aceitou.

Para Jean, foi a música que se tornou o sentido, a missão de sua vida! Desde os seus sete anos de idade, ele toca piano, sempre com prazer. Vivendo numa família recomposta, Jean encontrava harmonia e um sentimento de bem-estar na música. Ele se sentia bem quando estava ao piano, longe das turbulências de sua vida familiar. Assim, multiplicava as horas de ensaio, às vezes em detrimento de seu rendimento escolar. Aos doze anos, deu seu primeiro concerto e decidiu que a música seria o seu caminho.

Terminado o conservatório, engajou-se numa orquestra de renome na qual ainda toca. Vinte anos se passaram. À pergunta "Qual é o sentido de sua vida?", Jean responde: "Tocar para me tornar cada vez melhor e oferecer momentos de paz e alegria àqueles que vêm ao concerto".

Escutando a mesma pergunta, Mireille responde que, para ela, o sentido da vida é criar seus três filhos para que eles se tornem seres humanos felizes.

Stéphanie, quando lhe perguntam o sentido que ela dá à sua vida, dá de ombros! "Sei lá! Se eu soubesse, com certeza estaria menos deprimida. Na maior parte do tempo, digo a mim mesma que o que estou vivendo não tem sentido."

O sentido da vida, a "missão" não é um caminho fácil de achar nem de manter.

Encontrar sua missão

Qual é o meu talento? Será que possuo alguma coisa única, particular, que seja própria a mim mesmo? Essa é uma pergunta da qual não se escapa. Com muita freqüência, as pessoas com quem convivemos procuram longe demais. Não há quarenta Mozart por geração. Não se trata de ser um gênio, revolucionar um domínio do conhecimento, mas simplesmente encontrar no fundo de si mesmo o que está com vontade de se exprimir, o que precisa emergir. Algumas pessoas falam de sonhos ao invés de missões: realizar seus sonhos, chegar ao limite de seus sonhos é um desejo compartilhado pela maioria dos indivíduos, apesar de poucos o conseguirem. Albert Schweitzer, médico, missionário e teólogo, escrevia que, se todos os homens fossem aos quarenta anos tudo o que haviam sonhado ser quando tinham quatorze, o mundo seria bem diferente e a sociedade, bem melhor.

Encontrar sua missão ou um sentido para a vida exige uma boa auto-estima, pois é preciso ousar colocar em palavras suas aspirações profundas, suas escolhas e convicções.

Em nossa sociedade, os jovens são estimulados em direção a formações profissionais que correspondam a seus resultados escolares. Eles são encorajados a escolher uma alternativa dentre várias que talvez não atendam a nenhuma de suas aspirações.

Então, para suportar jornadas de trabalho que não os satisfazem, eles encontram meios de esquecê-las, de se distrair, às vezes mesmo de se embrutecer a fim de fugir dessa vida que não corresponde a seu desejo profundo. Entretanto, há possibilidades de escolher e dar sentido à vida. Só que é preciso sublinhar que encontrar e realizar sua missão tem um preço. Nada grandioso pode ser construído sem trabalho ou sem que algo seja sacrificado. Escolher é sempre renunciar a outras opções: entrar num curso de espanhol para ter acesso a um outro trabalho significa renunciar a um certo número de tardes tranqüilas em casa assistindo à televisão.

Todos aqueles que entrevistamos sobre sua missão e o sentido que davam às suas vidas insistiram nesse ponto: o preço a pagar para atingir seus objetivos, para dar às suas existências o sentido que queriam. A Irmã Yvette, ainda muito emocionada, contou-nos que, quando partiu para a Índia, sabia que não reveria durante vários anos sua família e sobretudo sua irmã mais nova, de quem gostava bastante.

Falou também sobre a dificuldade que representou para ela a impossibilidade de acompanhar sua mãe, cujo fim estava próximo.

Stéphanie, que, aos 38 anos de idade, havia decidido abandonar sua carreira de professor para se dedicar a uma fazenda agrícola na França, falou também sobre os anos em que ele e sua família tiveram de enfrentar "a época das vacas magras".

No entanto, sua escolha havia sido feita por razões filosóficas e éticas: ele desejava cultivar a terra e simplesmente viver mais perto da natureza. Não concordava em oferecer aos seus filhos "a violência urbana e os jogos eletrônicos para todo o sempre" e, para ficar em harmonia com suas opiniões, sua esposa e consigo mesmo, havia dado "o grande salto".

Ao longo de todos os anos em que tivemos contato cotidianamente com jovens em formação, anos esses que nos permitiram ler milhares de cartas de motivação escritas por adolescentes desejosos de abraçar uma profissão da área de saúde, pudemos constatar até que ponto a idéia de "missão", a importância do sentido a ser atribuído à vida é relevante: "desejo ser útil", "lutar contra a doença", "ajudar aqueles que sofrem", "apoiar mães que trazem crianças ao mundo".

Alguns deles mantêm, com altos e baixos, esse sentido de uma missão a ser concluída ao longo de sua carreira. Para outros, a realidade do sofrimento e da morte, da burocracia e das relações de trabalho prejudica o sentido que gostariam de dar à sua profissão.

A formação de uma família, a educação das crianças, as preocupações cotidianas e a falta de tempo e de recuo em relação à vida fazem com que, freqüentemente, durante dez a quinze anos, os jovens adultos invistam em seu trabalho e em sua rotina de família e deixem de se questionar demais sobre o sentido de sua vida. Se tiverem o privilégio de se realizarem profissionalmente e de suas relações afetivas serem estáveis e harmoniosas, viverão sem mais interrogações essa fase de sua vida.

Porém, às vezes, dramas tais como o nascimento de um filho deficiente, o divórcio, a doença, o luto ou o desemprego os obrigam a se perguntar sobre o sentido: Estou no lugar certo? Por que não sou feliz? Por que esta provação me é destinada?

Essas crises da vida sempre repousam sobre questões fundamentais. Contudo, é sobretudo na metade da vida, no momento do que se convencionou chamar crise dos quarenta, que o problema do sentido aparece novamente com intensidade. Nas palavras do teólogo Anselm Grün:

> Perto dos quarenta anos, questões existenciais vêm semear a perturbação na concepção da vida que levávamos até aqui. A metade da vida suscita uma crise de sentido e, portanto, uma crise espiritual.

O adulto de trinta e cinco a quarenta anos está à procura de um novo equilíbrio, uma nova maneira de dar sentido à sua vida. Isso se aplica especialmente às mulheres. Jung, o grande psiquiatra suíço que estudou particularmente a crise da metade da vida, escreveu em seu livro *Die Lebenswende*, volume 8: "Muitas mulheres acessam a responsabilidade e a consciência social somente depois dos quarenta anos". Elas tomam consciência de seu poder e de suas competências e desejam se tornar algo além de "donas-de-casa", por exemplo. Elas davam sentido às suas vidas através do papel de esposa e mãe e, progressiva ou subitamente, encontram-se cortadas do papel de mãe quando seus filhos saem de casa. É nesse momento, fortes por uma experiência e por uma aspiração nova, que elas desejam dar um outro sentido à sua vida. Essa iniciativa nem sempre é fácil em meio à competitividade atual própria ao mundo do trabalho.

O voluntariado representa uma opção para certo número de quadragenárias que encontram aí uma maneira inédita de se sentirem úteis e viverem plenamente, assim como a vida associativa, a ação política, a paróquia: todas essas aberturas podem dar um sentido à vida.

Mesmo quando uma pessoa é idosa ou deficiente, ela tem necessidade de dar sentido à vida. Uma jovem enfermeira nos contou a seguinte história: Ela cuidava de um senhor de mais de oitenta anos que sofria de uma hemiplegia[2] esquerda, era viúvo e morava num asilo. Desde seu acidente vascular cerebral não podia mais andar sozinho nem utilizar seu braço esquerdo, que estava paralisado: ele ficava deprimido em sua poltrona, entediava-se com a monotonia de seus dias, logo ele, que havia sido "o professor" querido de uma cidadezinha do Cantão de Vaud, na Suíça, durante décadas. "Não sirvo para nada", "minha vida não tem mais sentido!", repetia ele todos os dias. Foi então que essa jovem enfermeira teve uma idéia.

Observando a magnífica caligrafia desse antigo professor, ela lhe falou da Associação Anis-

---

2. Paralisia de toda uma metade do corpo.

tia Internacional, da qual ela fazia parte, tendo como uma de suas tarefas escrever aos responsáveis de países que detinham prisioneiros arbitrariamente. Interessado, o senhor Paul entrou em contato com os responsáveis da associação. Instalaram uma mesa adaptada à sua deficiência e, agora, faz vários meses que o Sr. Paul escreve, escreve e se apaixona pela causa dos prisioneiros cujo destino está aprendendo a conhecer melhor. Ele reencontrou uma razão de viver e novamente dá sentido à sua vida.

Encontrar um sentido, dar sentido à vida, pode ser feito descobrindo sua "missão", aquilo para que eu sirvo enquanto pessoa, o que eu tenho a oferecer ao mundo no qual nasci.

Nem sempre é fácil identificar esse sentido. Como mostramos mais acima, as circunstâncias da vida, as pessoas que nos cercam e a nossa história pessoal têm um papel importante nessa construção do sentido que damos à nossa vida.

Quando lemos as biografias de grandes homens, mulheres famosas ou santos, aparece claramente o fato de que um conjunto de circunstâncias cria o solo fértil no qual um indivíduo pode dar um sentido particular à sua vida. Foram a miséria das classes sociais baixas de Londres e a sua educação cristã que levaram William Booth a criar o Exército da Salvação e a dedicar a sua vida inteira a estabelecer essa organização mundial de ajuda aos mais desprovidos. Foram o horror visto nos campos de batalha do século XIX e sua situação familiar privilegiada que permitiram a Henri Dunant criar o que se tornaria a Cruz Vermelha Internacional.

Dar sentido à vida é, antes de tudo, estar aberto, de um lado, às suas aspirações profundas e, de outro, às exigências e necessidades do mundo no qual vivemos. Em outros termos, é responder à questão: – Como posso me realizar e, ao mesmo tempo, trazer alguma coisa para a sociedade?

Dan Scheinfeld, antropólogo americano, descreve o que faz sentido da seguinte forma:

> Tenho o sentimento de que minha vida tem um sentido na medida em que eu sinto, às vezes de maneira confusa ou inconsciente, que minha vida pessoal, com seus altos e baixos, estabelece um laço positivo com a vida mais vasta ao redor de mim (apud Stefan Vanistendael, em sua brochura *Resiliência e espiritualidade*,[3] publicada pelo Escritório Internacional Católico da Infância).

Assim, dar sentido à vida pode ser: achar um objetivo para sua vida, encontrar um projeto que valha a pena, descobrir sua missão, atender à sua vocação, no sentido mais geral desse termo.

---

3. N.T.: Tradução livre.

Essa certeza de que tudo, por menor que pareça e a todo instante, possa ser relacionado à face escondida do mundo, transforma radicalmente a vida. A neblina da insignificância se eleva [...] Você nunca sabe. Cada gesto pode deslocar uma estrela.

Christiane Singer

O sentido, significado que se dá a cada instante vivido

O sentido da vida, vocação, missão, projeto, é aquele que se evoca com mais freqüência quando se fala de significado a dar à vida. Ele implica decisões, escolhas, um preço a pagar, renúncias, uma vontade, uma responsabilidade precisa e um controle sobre os acontecimentos.

Essa maneira de considerar o sentido a ser dado à vida é apenas um aspecto, um lado da moeda, poderíamos dizer. Porque dar sentido à vida é também, e sobretudo, dar sentido a cada instante vivido, a cada minuto da vida, é viver em estado de alerta. O Padre Anthony de Mello, psicólogo e teólogo, insistiu muito nessa noção de alerta ao dizer que a maior parte das pessoas nasce, vive e morre como se estivesse adormecida, mas é preciso estar ligado para poder dar sentido à vida no cotidiano, todos os dias de sua vida.

Viver sua missão, sua vocação, seu projeto de vida, demanda, de fato, estar certo quanto a isso, dar o primeiro passo nesse caminho, afastar os obstáculos, mas, sobretudo, ser capaz de viver essa missão no cotidiano, em cada um dos encontros da vida.

Essa tradução de uma vocação, missão, no cotidiano, sempre foi a pedra no sapato para as pessoas mais extraordinárias no plano das idéias.

"Embaixo da terra, todo mundo é igual", diz o ditado. Essa fórmula é extremamente justa. É ali, nos detalhes da vida, que o sentido se concretiza. Qual é o impacto dos meus valores, dos meus projetos sobre o universo, se sou incapaz de traduzi-los em ato no meu estilo de vida? De que valem os discursos sobre a paz, a justiça, a ética, a ecologia, o desenvolvimento pessoal, se sou incapaz de compreensão e compaixão em relação à operadora de caixa cansada do supermercado que acabou de cometer um erro e me prejudicou, se sou incapaz de me desapegar e serenar face aos motoristas agressivos no trânsito? Dar sentido à vida no cotidiano é viver ligado no instante presente.

> Minha vocação, minha missão, meus valores, meus projetos, meus objetivos, meus sonhos. Minhas competências, minhas convicções. Comportamentos coerentes no instante presente, de minuto em minuto.

Dada a imperfeição do ser humano, essa fidelidade no instante, no acontecimento, é uma busca, um objetivo a ser atingido todas as vezes que pudermos, mas tendo em mente que não será possível consegui-lo sempre. Dar sentido à vida é um percurso, um longo aprendizado, que deve se manifestar no instante, em cada instante.

A vantagem específica dessa maneira de dar sentido à vida é que esse sentido perdura além dos obstáculos e das vicissitudes da existência.

Para viver esse sentido de instante em instante não é preciso ser muito instruído nem ter saúde perfeita. Está ao alcance de qualquer pessoa desperta. Dois exemplos ilustrarão essa proposta.

Senhorita Sylvia não teve uma vida fácil. Ela era a filha mais velha de uma família de doze crianças e não teve uma infância agradável. Muito cedo foi encarregada de ajudar sua mãe, que morreu quando ela tinha quinze anos de idade. Era ponto pacífico que ela não estudaria ou aprenderia uma profissão, pois esse privilégio se reservava aos meninos. Corajosamente, contribuía para a educação de seus irmãos e, mais tarde, substituiu sua mãe nas tarefas domésticas. Quando seu pai morreu, ela tinha 32 anos. Conseguiu sobreviver com pequenos bicos, que lhe permitiam apenas fechar as contas no final do mês.

Um dia, ela conheceu Freddy. Pensou que, enfim, poderia ser amada pelo que ela era realmente. Freddy era suíço romando. Então, com muita coragem, ela deixou sua Suíça alemã natal para se aproximar do homem que amava. Conseguiu um trabalho de assistente de vendas numa leiteria-queijaria e se dedicou ao aprendizado do francês. Infelizmente, o destino lhe roubou o seu sonho de família feliz, pois, algumas semanas antes do seu casamento, Freddy morreu subitamente de uma ruptura do aneurisma[4].

Com uma capacidade de dar a volta por cima, de uma resiliência pouco comum, Sylvia continuou a trabalhar e aprender a língua francesa. Quando nós a conhecemos, ela tinha em torno de cinqüenta anos de idade. Ela nunca havia se casa-

4. Um dos tipos de derrame cerebral.

do e, no entanto, era a imagem da plenitude. Ela havia se tornado gerente de uma sucursal da leiteria-queijaria e recebia cada cliente de sua loja como se estes fossem príncipes ou princesas. As crianças se batiam para obter o direito de ir buscar o leite na casa da senhorita Sylvia, que sempre guardava um docinho para elas. Nenhuma palavra negativa saía de sua boca. Podia nevar, chover, ventar, que ela era capaz de perceber o detalhe positivo da situação, pois sabia se maravilhar e viver plenamente os instantes de sua vida.

Sylvia deixou a Suíça Romanda há vários anos, mas o que não saiu de lá foi o que ela transmitiu a todos aqueles que se lembram dela com afeição, todos aqueles que ela escutou, reconfortou e acolheu em sua lojinha transformada pelo amor que ela fazia reinar ali.

Dar sentido à vida pode ser tão simples quanto isso: tornar cada instante um momento precioso.

A história do Sr. Edouard é diferente. Muito jovem, atendeu a um chamado interior e, após ter completado os estudos em teologia, partiu para a África, onde permaneceu durante mais de vinte anos.

De volta à Suíça, ficou responsável por diversas paróquias antes de se aposentar. Soube formar uma família unida e todos os seus filhos tinham uma profissão, uma família e, por sua vez, filhos.

Quando tinha oitenta anos, sua esposa morreu, deixando-o viúvo. Ele se restabeleceu desse grande luto, sempre apoiado por sua fortíssima fé.

Quando tinha 84 anos, um acidente vascular cerebral deixou a metade esquerda de seu corpo paralisada. Não lhe era mais possível morar sozinho. Ele teve de ser alocado numa instituição para pessoas idosas.

Infelizmente, a única cama que estava sobrando se achava num quarto com capacidade para duas. Seus filhos, um pouco nervosos, correram para a cabeceira da cama e o encontraram sorridente, sereno como de costume.

À pergunta de seu filho:

– Como está sendo para você, papai?

Edouard respondeu com um largo sorriso:

– Muito bem, estou começando hoje um novo ministério!

– Um novo ministério? – perguntou seu filho, espantado.

– É – disse Edouard –, o ministério da amizade. É incrível como há pessoas idosas aqui que estão precisando de amizade!

Nunca saberemos até que ponto um sorriso, uma palavra ou um ato de amor realizado no instante que passa podem ser importantes para alguém que se encontrava bem ali naquela hora.

Todo pensamento, palavra e ação são significativos, pois podem contribuir para aumentar o ódio ou a paz no universo.

Dar sentido à vida no instante que passa é também encontrar um bom equilíbrio entre lutar, brigar e aceitar, consentir.

Nunca sabemos para que podem servir as circunstâncias que se apresentam em nossa vida. Pode acontecer de “o destino” fechar algumas portas e abrir outras. Às vezes, consentir com o que acontece, mesmo quando não é o que esperávamos, é confiar na vida, nessa grande força que nos ajuda a encontrar e dar um sentido ao que estamos vivendo.

Pode acontecer de a direção que acreditávamos dar à nossa vida se obscureça, que aquilo que achávamos que era nossa missão, nossa vocação, projeto essencial, objetivo não corresponda mais ao que indica a bússola interna que nos guia, ou que as circunstâncias contribuam para modificar completamente o que tínhamos em vista, como na história acima. É então que se torna imprescindível voltar ao instante, a esse instante que estou vivendo aqui e agora e que nunca mais acontecerá novamente, para lhe dar sentido e lhe imprimir todo o amor do qual sou capaz. Assim, “a vida” não é mais absurda. Ela se apresenta a cada um de nós com esse convite para ser tudo o que se pode ser enquanto indivíduo único e insubstituível num instante único e fugaz!

O sentido da vida e as cinco tarefas a serem realizadas

Dar sentido à vida, como vimos nas páginas anteriores, pode querer dizer duas coisas que, na verdade, completam-se, enriquecem-se e se interpenetram. Pode ser dar uma direção à vida e/ou encontrar um significado, uma razão de ser para a vida, tal como ela se apresenta aqui e agora.

A questão que se coloca em seguida é "como?" Como dar sentido à vida? Será que há meios de se manter ligado, atento, apoiado, a fim de estar preparado para dar esse sentido?

Ao longo de nossos encontros com pessoas que estavam atravessando as mais diversas circunstâncias da vida, desde o jovem adulto em formação até a pessoa com bastante idade que estava chegando ao fim de sua vida, passando por aqueles que estavam vivendo grandes crises existenciais, percebemos que existem cinco tarefas essenciais a serem realizadas em toda vida e que facilitam essa busca de sentido.

Eis essas cinco "tarefas":

Cinco tarefas que permitem dar sentido à vida

1) Fazer um balanço do passado. Afirmar uma identidade. Desenvolver a auto-estima.

2) Integrar-se socialmente, criar uma rede, ligar-se ao universo. Cuidar dos outros.

3) Cuidar de si mesmo. Manter sua saúde. Adaptar-se positivamente. Enfrentar o estresse e a mudança.

4) Construir projetos. Abrir-se ao futuro. Ter esperança.

5) Desenvolver sua dimensão espiritual.

1. Fazer um balanço do passado. Afirmar uma identidade. Desenvolver a auto-estima.

Trata-se de saber de onde viemos, o que nos formou, que tipo de desejos trazemos dentro de nós e os projetos que nos foram transmitidos e que não nos pertencem. Trata-se também de nos desapegarmos de valores, preocupações, planos de vida que nos foram transmitidos, às vezes sem sabermos, para discernir o que é o sentido de nossa vida, o que pode lhe dar sentido em função do que somos e das nossas circunstâncias de vida, pois, como bem escrevia Christiane Singer, o sentido da vida não é nem transmissível nem hereditário. Ele deve ser construído e reconstruído sem parar.

> O que importa é recolocar esse ideal todos os dias à prova da vida, ousar dar uma resposta única (surgida do rico húmus da experiência acumulada) a uma situação única (Christiane Singer. *Para*

onde você vai com tanta pressa, se o céu está em você? São Paulo: Martins Fontes, 2005).

Fazer um balanço do passado é aprender a reconhecer o roteiro de vida que aceitamos e o lugar que ocupamos nele para nos livrarmos dele se não nos convém, ou para efetuar as modificações que desejamos. Existem tantas pessoas que execram o papel que ocupam numa peça de teatro que elas não escreveram e a qual imaginam que não têm o poder de modificar o que quer que seja!

Dar sentido à vida é fazer um balanço do passado, é descobrir nele o que havia de útil e válido, mesmo que, à primeira vista, esse passado tenha sido permeado de provações; é procurar construir algo levando em conta esse passado.

A história de Magdalena ilustra os pontos acima. Tendo crescido num país mediterrâneo, Magdalena teve uma educação "muito católica". Seu irmão mais velho havia sido consagrado à Virgem Maria desde seu batizado e sua família queria que ele se tornasse padre. Infelizmente, quando tinha sete anos, ele morreu de uma doença infantil. Magdalena ainda se lembra do enterro dele. Nesse dia, disseram-lhe, com grande seriedade, que ela seria chamada a dedicar sua vida a Deus no lugar de seu irmão. Toda a sua vida escolar passara num colégio para meninas administrado por religiosas. Para ela, o futuro era claro: ela se tornaria religiosa, pois era motivada em direção a essa vocação. O sentido de sua vida era uma causa certa: realizar sua vocação. Ela escolheu, porém, entrar para uma congregação que não era a que a sua família lhe havia recomendado. Orgulhosa desse ato de "insubmissão", ela estava convencida de que havia "escolhido" atender à sua vocação.

Assim que terminou a escola, foi para o convento e, sete anos depois, pronunciou seus votos perpétuos. Durante quinze anos, dedicou-se completamente ao seu ministério, tentando ignorar a falha que se formava em si mesma e, lentamente, entrou em depressão. Ela não via mais sentido no que estava vivendo, não via mais sentido na vida. Foi o início de um longo caminho na obscuridade até que a luz reaparecesse para ela no fim do túnel. Com a ajuda de uma psicoterapeuta aberta à dimensão espiritual, Magdalena pôde começar a reconsiderar seu passado, seu roteiro de vida, o papel que detinha nele e reconhecer que a peça na qual atuava não havia sido escrita por ela.

Ela decidiu então pedir que seus votos fossem desconsiderados. Ela deveria reencontrar um sentido, dar novamente um sentido à sua vida sobre uma outra base e, sobretudo, fazer um balanço de seu passado. Ao invés de repetir, como fazia com freqüência: "Perdi vinte anos da minha vida", o que importava era descobrir o que esses vinte anos lhe haviam oferecido, o que lhe haviam permitido ou, nos termos eloqüentes de Christiane Singer, ela deveria discernir as riquezas enterradas sob o húmus desses anos de experiência. Foi o que ela conseguiu fazer. Atualmente, acolhe, acompanha e apóia prostitutas que querem mudar de vida. Com um grande sorriso, ela diz às vezes: "Estou no lugar certo com esse trabalho, pois sou 'expert em mudança de vida', e posso compreender profundamente as pessoas das quais cuido".

Fazer um balanço do passado, do que nos foi legado, do que recebemos ou, ao contrário, das ausências profundas que podemos sentir possibilita descobrir, e afirmar, uma identidade, que permite dizer: "Eu sou esta pessoa, eis as minhas riquezas e minhas faltas, minhas forças e minhas fraquezas, minhas crenças e minhas dúvidas e, com a força que tudo isso me dá, posso dar sentido à minha vida".

Fazer um balanço do passado é ainda aceitar sua história e suas origens, reconciliando-se com estas, aceitar a imperfeição de seus pais e dos adultos que participaram na nossa educação e perdoar aqueles que talvez tenham sido a causa das dificuldades de vida que encontramos.

Por que, então, tudo isso é necessário? A questão pode ser colocada quando tivemos de conviver com pais violentos ou incompetentes e professores que de educadores só tinham o *status*. Por que perdoar? O que isso tem a ver com a necessidade de dar sentido à vida?

Simplesmente por isso: quando estamos cheios de amargura, rancor ou ódio, não há espaço suficiente em nós para a abertura em relação ao que está por vir e para a busca do sentido a ser atribuído à vida.

Tim Guénard, autor do *best-seller Mais forte que o ódio* (Porto: Livros do Brasil, 2005), descreve essa necessidade de perdoar para poder seguir em frente e dar sentido à vida em seu recente livro *Tagueurs d'espérance*[5] (Paris: Presses de la Renaissance, 2002).

> No começo, eu também não conseguia perdoar. Porque o perdão não é mágica. É preciso renová-lo constantemente. É difícil. Em conseqüência dos socos do meu pai, sofro de fortes dores de cabeça, que aparecem de repente, em qualquer lugar, de dia assim como na minha cama à noite. Nada me alivia. [...] Perdoar não é apagar ou esquecer o passado, é saber conviver: viver com suas lembranças e seus pesadelos. Saber viver com eles evita que façamos as pessoas próximas sofrerem o que nós mesmos sofremos; permite inovar encontrando soluções mais bem adaptadas para administrar as situações de estresse do que a violência ou a fuga.

> Perdoar é um pouco como regar uma planta. Não adianta molhá-la uma vez. É preciso fazê-lo indefinidamente e prestar-lhe atenção para que ela continue se desabrochando. Ao renovar o perdão em relação àquele que nos magoou, permitimos-lhe continuar florescente.

> Não querer ou não poder perdoar é permanecer apegado ao passado, é impedir a si mesmo de se tornar um andarilho[6] do amanhã, do devir.

---

5. N.T.: *Grafiteiros da esperança*, em tradução livre.

6. N.T.: No original, *globetrotter*, que significa "trota-mundos" ou "pessoa que corre mundo". Optou-se pela tradução mais simples no texto.

> Perdoar é dar um pontapé no medo e na falta de confiança, é se tornar livre para se surpreender consigo mesmo, é poder se engajar em caminhos que antes nos davam medo.

2. Integrar-se socialmente, buscar uma coerência, uma segurança, relacionar-se, estar concernido pelos outros, cuidar deles.

Se é essencial fazer um balanço do passado e afirmar uma identidade, dar sentido à vida necessita também da capacidade de entrar em contato com os outros, de criar esses contatos e ligações. Mesmo os ermitões mais isolados mantêm uma ligação muito forte com a divindade que eles adoram. Para os meros mortais, quanto mais se está ligado e integrado numa família, num grupo, numa sociedade, numa comunidade, mais se torna possível se preocupar com o sentido da vida. Porém, pode haver um problema quanto a esse aspecto: se o isolamento é grande demais, se alguém se sente rejeitado, à margem, a busca de laços ou substitutos destes últimos vai deixar para trás o desejo de dar sentido à vida.

Quanto mais se está em segurança, mais é possível se colocar questões de sentido. O grande psicólogo Abraham Maslow evidenciou essa noção ao tornar pública *a hierarquia das necessidades*[7]. Para ele, quando há uma falta no nível das necessidades de base, tais como oxigênio, água, comida, abrigo, mobilidade e excreção, toda a

---

7. Também chamada de “a pirâmide de Maslow”.

energia da pessoa é dirigida para a busca do que poderia suprir essa falta.

O nível seguinte é justamente o da segurança física e psicológica. Quando a insegurança é grande demais, não há energia suficiente para se preocupar com as questões de sentido. Logo após, vêm as necessidades de afeto, de pertencimento e de estar integrado socialmente. Depois, as necessidades de reconhecimento, estima, respeito e, por fim, as necessidades de encontrar um sentido, dar um significado ao que estamos vivendo.

Essa classificação das necessidades por ordem de prioridade, que data de cerca de trinta anos, foi freqüentemente posta em questão. No entanto, ela sublinha novamente a importância dessa segunda tarefa da vida: "integrar-se socialmente".

Contudo, existem algumas pessoas que são capazes de transcender essa classificação e dar sentido à vida mesmo no meio de situações extremas e de ausências significativas. Uma delas é Etty Hillesum, uma judia holandesa mística que foi queimada em Auschwitz e viveu de 1914 a 1943. Ela escreve em *Uma vida interrompida – Os diários de Etty Hillesum* (Rio de Janeiro: Record, 1981):

> Bom, querem nossa exterminação completa: eu aceito essa nova certeza. Eu sei disso agora, mas não vou impor aos outros minhas angústias e vou evitar qualquer rancor se não compreenderem o que está acontecendo conosco, os judeus. Acho que a vida é repleta de sentido, sim, repleta de sentido apesar de

> tudo, mesmo que eu quase não ouse dizê-lo em meio às pessoas. [...] Estou pronta para aceitar tudo... pronta também para testemunhar através de todas as situações e até a morte a beleza e o sentido desta vida.

Etty Hillesum não estava em segurança e, no entanto, foi capaz de ir além dessa falta, pois estava integrada socialmente, uma vez que era membro de um grupo humano ao qual se sentia solidária.

Estar preocupado com dar sentido à vida pode também acontecer durante os períodos de crise, mudança, perdas e luto, doenças ou desemprego. Todavia, quando estamos socialmente integrados, dispomos de uma base sólida a partir da qual podemos seguir em frente. Pode ser que escolhamos abandonar essa integração para encontrar nosso próprio caminho, para dar o sentido que nós escolhemos à vida, assim como fizeram Magdalena e vários outros antes e depois dela. No entanto, é sempre mais fácil partir de algum lugar para ir alhures. É a mesma coisa quando escalamos uma montanha: seguramo-nos com firmeza numa pedra. Quanto mais ela é resistente, melhor ela vai permitir atingir a pedra seguinte.

Integrar-se socialmente é se interessar pelo destino dos outros, pelas outras culturas, ficar tocado pelo que acontece ao outro, procurar ajudar, desejar compartilhar o que se possui com os outros. É na procura que freqüentemente se originam projetos de vida, "missões", um sentido que se queira dar à vida.

Os exemplos são inúmeros: de Bruno Manser, que dedicou sua vida à defesa de uma tribo de aborígines a qual queriam expulsar de suas florestas, passando por todos os colaboradores e delegados do Comitê Internacional da Cruz Vermelha e trabalhadores anônimos em pequenas organizações não-governamentais até sindicalistas, religiosos, profissionais da saúde e professores que colocaram o serviço ao próximo no centro de suas preocupações e que, assim, deram sentido às suas vidas.

Estar concernido pelo outro é também aquilo que pode dar um significado profundo, um sentido a cada instante da vida: fazer de cada encontro, de cada contato humano **um verdadeiro encontro** no qual o outro se sente acolhido, escutado, aceito pode dar um sentido a qualquer vida.

Um texto muito bonito, que nos foi oferecido durante um curso e cuja origem desconhecemos, evidencia claramente as idéias acima:

> Um professor termina sua aula com a frase ritual: – Ainda há alguma dúvida?
>
> Um aluno lhe pergunta: – Professor, qual é o sentido da vida?
>
> Alguns de seus colegas, prontos para irem embora, começam a rir. O professor, com um olhar interrogador, fixa longamente esse aluno.
>
> – É uma pergunta séria?
>
> Ele compreende rapidamente que é sim.
>
> – Vou lhe responder.
>
> Do bolso de sua calça ele tira sua carteira, de cujo interior pega um espelhinho redondo, não maior do que uma moeda, e diz: – Eu ainda era criança. Foi duran-

te a guerra. Um dia, eu vi, no meu caminho, um espelho quebrado. Dele, guardei o maior fragmento, que é este aqui. Freqüentemente, eu jogava a luz que ele refletia para cantos escuros, onde o sol nunca brilhava: buracos profundos, fendas e outras cavidades. Quando me tornei adulto, entendi que esse pedaço de espelho possuía um sentido particular para mim. Mais do que uma brincadeira de criança, era a metáfora do que eu poderia realizar na minha vida. Eu também sou o fragmento de um espelho cuja totalidade não conheço. Com o que possuo, posso enviar a luz, a verdade, a compreensão, a bondade, o carinho aos lugares mais secretos do coração humano e, assim, mudar alguma coisa nas pessoas com quem convivo. Outras pessoas talvez façam a mesma coisa. Eis no que consiste, para mim, o sentido da vida.

3. Adaptar-se, enfrentar a doença, a velhice, a mudança, o estresse para ter a liberdade de dar sentido à vida.

Como vimos na tarefa precedente, estar atento ao sentido que se quer dar à vida, estar ligado e concernido pelo significado que se deseja dar ao instante presente supõe uma disponibilidade interna, uma paz interior que permite o discernimento.

No meio das tempestades, ao contrário, o que parece mais evidente é a ausência de sentido. “Por que isso? Por que eu? Por que agora?”

Quando sobrevêm os grandes dramas que o ser humano encontra em sua vida, este último pode ficar submerso pela impressão de absurdo. Perder seu filho único por suicídio, pegar uma doença fatal alguns meses após ter colocado no mundo seu segundo filho, tudo isso pode ter um sentido? E, no plano coletivo, morrer sufocado dentro de um *container* às portas da Inglaterra, o Eldorado em função do qual se sacrificou tanta coisa, pagando os olhos da cara a barqueiros assassinos? Que sentido têm todos esses dramas? Que sentido têm todos os lugares de nosso planeta onde os humanos sofrem e morrem?

O drama não traz consigo nenhum manual de instrução. O que se passa com mais freqüência é que o "Mistério" envolve o drama, ninguém pode "explicá-lo" ou lhe dar um sentido. É responsabilidade do ser humano se adaptar pouco a pouco, tão positivamente quanto possível, às novas circunstâncias da vida a fim de reencontrar serenidade suficiente para seguir em frente. Conta-se que um homem havia sido testemunha da morte de uma criança; levantando as mãos aos céus, disse: "Deus, como podeis permitir isso? Não fareis nada?!" De repente, uma voz disse: "Sim, eu já fiz algo, eu fiz você!"

É tarefa de cada ser humano conseguir dar um sentido ao que ele está vivendo, ninguém mais pode fazer isso por ele.

Qualquer que seja a dificuldade a enfrentar, o ser humano é levado a desenvolver mecanismos complexos, físicos e psíquicos, que lhe permitirão encarar e se reconstruir após as crises.

São esses mecanismos que possibilitam o que chamamos de resiliência, a capacidade de reagir. Muitas pesquisas, com bons resultados, foram feitas por especialistas de ciências humanas e permitiram afirmar que a capacidade de dar sentido ao que vivemos favorece a resiliência e que, inversamente, a capacidade de resiliência também permite dar sentido aos acontecimentos de maneira mais fácil.

Toda mudança vivida e toda nova circunstância exige uma adaptação positiva e a atribuição de um sentido, de um significado. As decisões que tomamos, as escolhas que fazemos estão baseadas em nossas percepções, valores, convicções e interpretações. Às vezes, sinais externos confirmam uma intuição. Em outros momentos, é a fidelidade a um objetivo, a um ideal, que vai influenciar a decisão. O grande psiquiatra e filósofo Viktor Frankl, fundador da abordagem psicológica conhecida como "logoterapia", ou seja, terapia pelo sentido, pelo significado, conheceu o horror dos campos de concentração e conta em seu livro *Raisons de vivre*[8] (Genebra: ed. Du Tricorne, 1993) como, face ao crescimento do nazismo, optou por ficar em Viena ao invés de partir para os Estados Unidos. A seguir, um trecho dessa história:

> Pouco antes do começo da entrada dos Estados Unidos na Segunda Guerra Mundial, recebi um convite da embaixada

---

8. N.T.: *Razões para viver*, em tradução livre.

americana em Viena para retirar meu visto de imigração para esse país. Naquela época, eu vivia só em Viena com meus velhos pais. Eles queriam, naturalmente, que eu pegasse o visto e fosse o mais rápido possível para os Estados Unidos. Mas, no último momento, comecei a hesitar, perguntando a mim mesmo: – Será que eu deveria fazê-lo, será que eu posso? –, pois, de repente, pensei no que esperava por meus pais, ou seja, dada a situação, em algumas semanas eles seriam enviados a um campo de concentração, ou melhor, de extermínio. E, será que eu deveria realmente não fazer nada além de abandoná-los a seu destino em Viena? Até então, eu havia estado apto a protegê-los porque eu era chefe do departamento de neurologia num hospital judeu. Mas, se eu fosse embora, a situação mudaria imediatamente. Enquanto eu refletia sobre qual era a minha verdadeira responsabilidade, tive a impressão de que era o tipo de situação na qual geralmente se espera um sinal dos céus. Voltei para casa e percebi um pedaço de mármore em cima de uma mesa. Perguntei ao meu pai como é que ele tinha ido parar ali e ele me disse: – Ah, Viktor, eu o peguei hoje de manhã no lugar onde era a sinagoga (ela havia sido incendiada pelos nacional-socialistas).

– E por que você a pegou? – perguntei-lhe.

– Porque é uma das partes das duas tábuas dos Dez Mandamentos –, e me

> mostrou, sobre o mármore, uma letra em hebreu, gravada e dourada.
>
> – E ainda tem mais – continuou ele –, se lhe interessa, essa letra em hebreu serve de abreviação a apenas um dos Dez Mandamentos.
>
> Perguntei-lhe: – Qual?
>
> E a resposta foi: – Honre seu pai e sua mãe e permaneça no país.
>
> Decidi imediatamente ficar com meus pais em Viena e deixei meu visto expirar.

Essa decisão, que era coerente com os valores de Frankl e com o sentido que ele queria dar à sua vida, foi a origem de sua estada em Auschwitz e também de todo o seu trabalho de criação de uma abordagem psicológica fundamental que reintroduz a noção de sentido, significado, no mundo normativo da psiquiatria e da psicologia.

Durante o período de sua prisão, ele pôde mensurar até que ponto aqueles de seus companheiros de detenção que haviam dado sentido à vida e que eram capazes de traduzir esse sentido de instante em instante na vivência cotidiana conseguiam suportar sofrimentos indescritíveis. Suas observações lhe permitiram afirmar: "O ser humano é capaz de suportar qualquer 'como' se ele conhece o 'porquê'".

Será que a capacidade de se desapegar, de confiar, de se adaptar positivamente para assumir a responsabilidade de dar sentido à vida, dar sentido ao instante que passa, é ser capaz de dizer sim, de consentir com a vida e também com tudo aquilo que ela traz consigo?

Léo Buscaglia, escritor ítalo-americano, aponta isso com as seguintes palavras:

> Digam sim à vida! "Sim" ao maravilhamento, à alegria, ao desespero. "Sim" ao sofrimento, "sim" ao que você não compreende. Experimente o "sim", experimente o "possível", experimente "ter esperança", experimente "eu quero" e experimente "eu posso". [...] Torne-se o que você realmente é! (BUSCAGLIA, Léo. *Vivendo, amando e aprendendo*. Rio de Janeiro: Nova Era, 2006).

Adaptar-se positiva e criativamente e, ao mesmo tempo, respeitar seus valores e honrar a direção que se dá à vida é o verdadeiro desafio diante do qual todo ser humano é colocado. Mesmo para aqueles que vivem toda a sua vida no mesmo lugar, com as mesmas pessoas, o crescimento e o envelhecimento, as circunstâncias trazem sem cessar mudanças às quais é preciso se acostumar, adaptar-se com criatividade e inteligência, continuando a dar sentido ao que se está vivendo.

O que facilita o processo de adaptação é a abertura.

4. Construir projetos, abrir-se ao futuro, ter esperança.

Toda vida humana se constrói sobre a esperança. O recém-nascido que dá o seu primeiro grito entra, sem estar consciente disso, nessa abertura ao futuro. Ele se lança na vida! A mulher que dá à luz essa criança ou a pessoa que aceita um tratamento doloroso para tentar vencer sua doença realizam um ato de esperança.

Dar sentido à vida é, como vimos nas páginas anteriores, construir um projeto, dar um significado a cada instante vivido, apostar na esperança.

O testemunho de Malika Oufkir é impressionante no que diz respeito a isso. Mantida prisioneira durante vinte anos pelo rei do Marrocos e autora do livro *Eu, Malika Oufkir, prisioneira do rei* (São Paulo: Companhia das Letras, 2000), ela vê o sentido da vida como um combate pela sobrevivência para se tornar uma mulher livre. Eis o que ela contou à revista *Psychologie* (em abril de 2000):

> Depois de ter vivido provações, o sentido da vida é para mim tudo o que me conduz em direção à morte. Não é uma noção pessimista, é um chamado à ordem que me permite evitar perder de vista o essencial da minha passagem na Terra. Em suma, a vida. Ela é sagrada. Foi preciso que eu lutasse para permanecer em vida. Eu fiz essa escolha. É por isso que viver continua representando um combate para mim. O fato de eu jamais ter sido livre, de ter sido submetida ao que os outros queriam que eu fosse me ajudou muito nessa luta. Isso alimentou minha vontade de existir um dia enquanto mulher livre.
>
> A noção de sobrevivência vem igualmente do amor que demonstramos uns aos outros durante todos esses anos de detenção. Particularmente o amor da mi-

> nha mãe. Sem ele, eu jamais teria conservado essa sede de viver. Mas escolher viver não é uma tarefa fácil. O outro ponto de referência que me ajudou a suportar o sofrimento foi o encontro comigo mesma. Aquele outro eu que se revela quando a gente se coloca algumas questões: sou realmente eu mesma? Posso ir ao fundo de mim mesma para saber quem eu sou verdadeiramente? As respostas tomaram bastante tempo. Foi uma seqüência de momentos de alerta e de revelação. Quando o encontro se faz, o eu interior e o outro eu ficam em simbiose, entendendo-se e se amando. Então, somos invadidos por uma força incomensurável.

Abrir-se ao futuro e ter esperança não são coisas simples, sobretudo quando as provações da vida são muitas e dolorosas.

É com freqüência a presença de um ser humano concernido, capaz de amar, um sinal do "destino", que outros chamariam de graça, que permite à pessoa se levantar, ousar continuar tendo esperança e reconectar-se ao sentido que ela dá à sua vida.

Mesmo no meio de uma vida que está indo à deriva, quando uma pessoa não leva mais adiante nenhuma busca de sentido, não acredita mais em seu futuro, não espera mais nada e quando nada mais tem sentido para ela, sempre existe a possibilidade de uma reviravolta inesperada, surpreendente e, às vezes, milagrosa. Era o que o professor Michel Riebstein, psiquiatra em Montpellier, já falecido, chamava de *Kairos*. Para ele, o *Kairos* era *um aspecto essencial da trajetória humana*.

O *Kairos* permite a inflexão da trajetória de um destino. A pessoa que aproveita essa oportunidade pode conseguir que o mais fraco ganhe do mais forte.

Stéphanie era uma jovem estudante dependente química que havia conhecido todas as infelicidades ligadas ao seu vício: exclusão, angústia, prostituição, prisão. Ela havia fracassado em todas as tentativas de tratamento. Um tempo depois, as pessoas que cuidavam dela não a viram mais durante quatro anos. Um dia, ela voltou para vê-las, transformada, resplandecente, irreconhecível. O que havia acontecido?

Depois de ter abandonado a cidade universitária onde morava, ela havia vagado com um companheiro de infortúnio e foi parar em Haute-Loire, num pequeno vilarejo, com uma dor de dente horrível. O clínico geral do lugar a havia acolhido com muita atenção e carinho. Ela lhe falou de sua dependência química. O médico, muito humano, lhe disse com muita amizade: "Senhorita, se você continuar se drogando assim, em dez anos você não terá mais nenhum dente. Seria uma pena!"

A partir desse momento, a jovem nunca mais tocou em nenhuma droga.

Essa história representa um modelo de *Kairos*, o momento favorável, o instante fugaz em que uma mudança radical, que vai de encontro ao curso das coisas, é possível.

Quando analisamos a história da jovem dependente química com sua dor de dente, fica claro que ela havia seguido muitos tratamentos e que havia tido conversas com profissionais competentes. Então, por que ela decidiu mudar sua vida justamente nesse momento, após ter tido um breve contato com esse médico do interior?

Porque era o momento em que tudo podia se transformar. Para ela, era o *Kairos*, a oportunidade imprevisível e sempre possível. Todos aqueles que ajudaram e acompanharam essa jovem fizeram um trabalho muito importante e indispensável. Eles deixaram sua contribuição em cima de um dos lados da balança e, mais tarde, um dia, num momento específico, alguém pronunciou a última palavra, realizou o último gesto que fez o lado da balança pesar e tudo pôde ser diferente.

O ser humano possui a capacidade de aprender, de mudar, de decidir sua vida. Acontece com freqüência de ele não utilizar essa capacidade, mas, apesar dessa apatia aparente ou desânimo expresso, o *Kairos* pode sobrevir a qualquer momento. Cada ser humano é, antes de tudo, um mistério, muito mais complexo do que todas as teorias que tentam descrevê-lo. Nada está determinado, nada é totalmente previsível, cada instante pode ser aquele em que tudo se transforma.

Com muita freqüência, coloca-se uma etiqueta definitiva numa pessoa e ela fica presa nessa definição que os outros lhe dão. Qualquer que seja a dificuldade que um ser humano esteja vivendo, a mudança é possível até o seu último suspiro. Em qualquer momento, ele pode "acordar" e dar sentido à vida, encontrar um significado para os acontecimentos pelos quais ele passa.

A noção de *Kairos* é, antes de tudo, uma razão formidável para ter esperança. Há os diagnósticos, os prognósticos, o absurdo e há também o inesperado, o improvável e o sentido, sentido este que pode ser reencontrado uma vez que alguém realiza um ato de atenção ou de amor gratuito, totalmente desinteressado.

O sentido aparece quando dizemos "sim", quando abrimos nosso coração, nosso espírito, quando aceitamos nossa imperfeição de ser humano limitado, numa humanidade imperfeita e, a partir daí, abrimo-nos ao que é fonte de maravilhamento e de crescimento no universo que nos é dado.

5. Desenvolver a dimensão espiritual dentro de si.

A quinta tarefa da vida consiste justamente em tomar consciência dessa dimensão do sentido da qual analisamos alguns aspectos até aqui. Em geral, essa tarefa se conjuga com a tomada de consciência da dimensão espiritual, não necessariamente religiosa, mas espiritual no sentido mais amplo do termo.

Na maior parte das vezes, é quando somos interpelados por essa dimensão espiritual que se colocam, com acuidade, as questões de sentido.

> Por que minha vida? Por que nasci? O que acontecerá comigo depois que eu morrer? Onde estão as pessoas que amei e que agora estão mortas? O que é es-

> sencial? O que é irrisório? Eu passo meu tempo fazendo o quê? Eu me preocupo com o quê? Se existe um Deus, um Todo Outro, como o nomeava Dürkheim, que ligação possuo com Ele? Que lugar eu lhe reservo na minha vida?

Com freqüência, é durante uma crise da vida que todas essas questões vêm à tona e talvez sejam as crises, as catástrofes, os dramas que podem ser utilizados como trampolim para ir mais longe.

Em seu livro *O lado positivo das crises* (Editora Ésquilo), Christiane Singer escreve:

> Ao longo do meu caminho, ganhei a certeza de que as catástrofes estão aí para nos evitar o pior. E o pior, como eu poderia explicar o que é o pior? O pior é, de fato, ter passado pela vida sem naufrágios, ter ficado à margem das coisas, ter dançado num baile de sombras, ter atolado nesse pântano de disse-me-disse, de aparências, e nunca ter sido empurrado para uma outra dimensão.

Histórias de sentido

Dar sentido à vida é o grande desafio com o qual todo ser humano é confrontado, como vimos ao longo das páginas anteriores.

Essa questão do sentido se coloca em diferentes momentos, de diversas maneiras, no meio das circunstâncias específicas que se apresentam.

Os sentidos dados por uma pessoa não são os mesmos de uma outra. Às vezes, pode ser útil tomar consciência da maneira como outras pessoas respondem a essa questão fundamental para se deixar interrogar e se abrir a novas experiências.

É por isso que decidimos compartilhar aqui algumas "histórias de sentido" que nos foram contadas pelos próprios autores.

Chantal

Chantal tinha 22 anos. Ela havia terminado seus estudos de enfermagem e havia se inscrito numa escola da região francesa de Anvers para fazer um curso sobre as doenças tropicais que começaria no outono. Tudo ia bem. Dali a um ano, ela iria a um país do Terceiro Mundo como colaboradora e ficaria lá por alguns anos. Depois, ela se casaria, teria filhos e netos e continuaria praticando sua profissão, talvez até a ensinasse a jovens cheios de ideais.

Foi naquele verão, que deveria permitir a Chantal descansar e se preparar para partir, que sobrevieram os primeiros sintomas do grave câncer que ela havia desenvolvido. Dois anos de tratamento, duas operações que retiraram seu útero e seus ovários e terríveis sessões de quimioterapia curaram enfim sua doença.

Chantal já estava em remissão, porém não poderia mais ir para o Terceiro Mundo. Seus sonhos de maternidade haviam sido destruídos e ela estava passando por uma espécie de depressão: nada mais tinha sentido, nem sua vida, nem seus dias.

Depois de vários meses de desânimo, Chantal recebeu uma carta de uma amiga com o seguinte texto: "Bloom where you are planted" (floresça o lugar onde você está plantada!). Chantal repetia essa pequena frase sem cessar até o momento em que a compreendeu em todo o seu significado. O que ela considerava como sua missão, seu projeto de vida não poderia se realizar. No entanto, ela estava viva, o câncer não a havia levado. Era ali, em seu próprio país, no meio dos seus, que ela deveria "florescer", dar sentido à sua vida. Ela decidiu se formar no método terapêutico da escuta e na relação de ajuda e fez um grande trabalho de desenvolvimento pessoal.

Atualmente, ela emprega todas as suas forças para viver plenamente o instante presente, acompanhar outras pessoas que estão passando por dificuldades e apoiá-las enquanto estão buscando dar um sentido às suas vidas.

Rodolphe

Rodolphe era o diretor-adjunto de uma multinacional com sede na Suíça. Ele e sua família moravam em Genebra. Ele tinha 46 anos, estava seguro de si mesmo e orgulhoso de sua família. Seu objetivo era se tornar o diretor da multinacional na qual trabalhava havia oito anos. Ele ganhava o suficiente para que as pessoas próximas tivessem "tudo do que elas precisavam". Ele doava dinheiro de bom grado a "obras de caridade" e tentava viver respeitando os valores que eram importantes para ele. Tudo parecia ir de vento em popa. Seus três filhos eram estudiosos e iam bem na escola, ele os via pouco, mas trabalhava por eles. Sua esposa o apoiava, acompanhava-o, e sua vida de casal era harmoniosa.

Porém, um dia, sua vida se transformou. Patrick, seu filho mais velho, foi encontrado morto, vítima de uma overdose de droga.

Nesse dia, um abismo se abriu aos pés de Rodolphe. A incompreensão, a revolta, a tristeza, o estupor, tudo se misturava em sua cabeça e em seu coração. Seu filho, seu mais velho, aquele ser tão talentoso, tão estudioso, aquele bom filho do qual ele se orgulhava tanto, se drogava e ele nunca havia percebido. Ele talvez estivesse vivendo com dificuldade sua adolescência e nunca havia compartilhado suas angústias e interrogações nem com seu pai nem com sua mãe. Um de seus irmãos sabia disso, mas nunca havia comentado nada sobre o assunto!

Rodolphe, sua esposa e os dois irmãos de Patrick viveram o ano seguinte à sua morte de maneira terrivelmente difícil. Rodolphe repensou várias questões fundamentais que o levaram a mudar de vida. Ele percebeu que havia tido objetivos, ambições, mas que suas prioridades não eram as certas. Assim, renunciou ao seu cargo de diretor-adjunto, virou consultor, mudou-se para o campo e arrumou tempo para ficar com seus dois filhos e para atividades em família. Ele se formou como profissional de escuta voluntário numa associação destinada a ajudar as pessoas em luto.

Essa experiência dramática o levou a retomar contato com sua religião, a qual recomeçou a praticar.

Como Rodolphe pôde dar sentido à provação que enfrentou, ele também é capaz de dar sentido à sua vida cotidiana, vivendo plenamente todos os momentos que passa com as pessoas que ama e com aquelas que pode ajudar através de sua associação.

Seu trabalho continua lhe agradando, e as pessoas o apreciam bastante enquanto consultor, pois ele possui não somente uma boa experiência profissional, como também uma capacidade de empatia excepcional.

Anne

A história de Anne não contém dramas. Ela se parece com a de milhões de mulheres mundo afora.

Após uma formação em secretariado, ela encontrou um emprego que a satisfazia e conheceu um homem com o qual se casou e teve dois filhos.

Encantada com o seu papel de esposa e de mãe, trabalhava meio expediente e viveu feliz durante muitos anos. O sentido da vida? Para ela estava claro! Tratava-se de criar seus filhos para que se tornassem adultos responsáveis.

No entanto, lá pelos seus quarenta anos, uma insatisfação crescente se manifestava em Anne. Seus filhos haviam crescido e precisavam menos dela e seu marido passava muito tempo no trabalho, onde havia aceitado grandes responsabilidades. Anne não via mais o sentido de sua vida que lhe havia parecido tão claro quinze anos antes.

Foi na leitura de um livro sobre o budismo tibetano que ela encontrou algumas respostas. Ela realizou então um retiro que lhe fez viver uma experiência espiritual intensa. A partir daquele momento, ela deu um outro sentido à sua vida. Tornou-se uma ardente praticante do budismo e tentava, no cotidiano, dar sentido à sua vida praticando a compaixão, ao invés de simplesmente através da educação de seus filhos. Ela compreendeu finalmente uma frase de Viktor Frankl que havia lido em sua juventude: "Não é o fato de ter filhos que dá sentido à vida, é o fato de viver aqui e agora aquilo para o que fomos feitos, aquilo para o qual somos chamados. Colocar crianças no mundo como objetivo de vida é empurrar o problema do sentido de uma geração para outra, apenas isso."

Sylvain

O sentido da vida, dar sentido à vida não era o que preocupava Sylvain. Jornalista brilhante, ele percorria o mundo à espera do *scoop*[9], de novidades sensacionais.

Cínico, ateu declarado, sua filosofia era: "Aproveitar a vida, comer e beber, pois, um dia, você vai morrer!" E ele não se privava de "aproveitar a vida"! O engajamento, a fidelidade, a lealdade, o amor, tudo isso para ele era besteira. "Naquela época," dizia ele, "se você me perguntasse que sentido eu dava à minha vida, eu teria pensado que era uma questão completamente estúpida!"

Depois de alguns anos e logo após uma demissão que ele considerava totalmente injusta, Sylvain passou por um período ruim. Para esquecer, entregava-se ao álcool, dormia mal e se sentia vazio e cansado.

Saindo de uma boate numa manhã bem cedo, ele perambulou pelo centro de Barcelona sem objetivo. Seus passos o conduziram à entrada de uma igreja cuja porta estava aberta. Ele entrou, sentou-se e, de repente, a liturgia cantada por uma congregação religiosa invadiu o silêncio daquela igrejinha.

Sylvain permaneceu durante todo o tempo que durou o ofício. Ele não pensava em nada e, no entanto, alguma coisa estava se produzindo dentro dele, uma abertura se criava em seu cinismo. Ele ficou todo emocionado.

Essa experiência foi o atrativo de um caminho que, pouco a pouco, o conduziu à decisão de entrar para as ordens.

---

9. N.T.: Furo de reportagem.

Atualmente, Sylvain é dominicano, capelão dos estudantes de uma grande universidade. Quando lhe perguntamos qual é o sentido que ele dá à vida, responde: "É oferecer minha vida para que Deus a utilize segundo sua vontade. É também, e sobretudo: amar a Deus de todo o meu espírito, de toda a minha alma e de todo o meu pensamento, e o meu próximo como a mim mesmo".

Alexandra

Alexandra é professora. Ela é solteira, mora sozinha e investe bastante em seu trabalho. À pergunta: "Que sentido você dá à sua vida?", Alexandra formula duas respostas distintas:

De um lado, ela gostaria de viver estando sempre mais consciente, sempre mais desperta. Leitora assídua das obras de Anthony de Mello, ela pratica a meditação e tenta estar sempre mais "consciente".

De outro, ela procura ser sempre mais competente, mais serena e ter mais paz para oferecer aos alunos sob sua responsabilidade a melhor qualidade de ensino e a relação pedagógica mais rica possível.

Poderíamos continuar apresentando "histórias de sentido", pois cada vida humana representa uma dialética entre a sensação do absurdo e a necessidade de dar um significado a essa aventura da existência.

Para alguns, o sentido dado varia de uma época para outra, enquanto, para outros, ele permanece bem presente como um poderoso farol que guia em direção ao porto.

Para outros, ele está no nível das sensações: "Se eu me sinto bem, se tudo vai bem, a vida é bela", "se eu amo e me sinto amado, não procuro nada além disso".

Para outros ainda, ele está muito mais no nível do pensamento: "O sentido da minha vida é apreciar a beleza e a harmonia do universo!"

Poderíamos resumir este capítulo dizendo que o sentido dado à vida é pessoal, que a questão se coloca a todos os seres humanos um dia ou outro e que responder a ela é essencial para a alegria interior e a serenidade.

Dar sentido à vida em meio a crises e mudanças

Toda vida humana é uma seqüência de etapas, de momentos de sofrimento e momentos de alegria, de estabilidade e de mudança, de estagnação e de crescimento.

Ao longo dessas etapas, a capacidade de dar sentido à vida flutua.

A criança pequena, por exemplo, não está preocupada com dar sentido ao que ela vive. Ela se contenta em viver, em experimentar as alegrias, e os sofrimentos também, enfim, as descobertas que sua existência lhe proporciona.

Na adolescência, as coisas se complicam, a exigência de sentido surge em toda a sua amplitude. Para muitos jovens, ver uma possibilidade de sentido à sua vida não é fácil.

Tendo crescido numa sociedade onde tudo parece já estar organizado, onde o materialismo reina, certas pessoas aspiram a partir, a oferecer sua força, sua atenção àqueles que sofrem de alguma doença ou da pobreza no Terceiro Mundo, ou seja, eles aspiram a uma vida útil. Outros aderem ao modelo de vida que lhes é apresentado pelos adultos com quem convivem: "ganhar dinheiro, poder adquirir bens materiais ou, talvez, tornar-se uma 'estrela'".

Há também aqueles que "flertam" com a morte para tentar dar sentido à sua vida. Em seu livro *Condutas de risco*, o antropólogo David Le

Breton sublinha que vários jovens adotam condutas de risco, como por exemplo atravessar um caminho de ferro justo antes da passagem de um trem em alta velocidade, dirigir na contramão de uma estrada ou passar por bifurcações de motocicleta com os olhos tapados. Para ele, nossas sociedades fracassam na tarefa de fornecer aos jovens "a matéria de sentido" de onde extrair razões de viver e também na de conter o adolescente durante o período de crise pelo qual ele passa. Então, este último "corre o risco com seu corpo" para reencontrar seu lugar no tecido do mundo. Ele busca, talvez, provar a si mesmo que sua existência tem valor.

O jovem adulto constrói sua vida, instala-se no mundo, forma seu casal, sua família e, ocupado com tudo isso, tem a impressão de que está dando sentido à sua vida, que constrói algo e se constrói a si próprio. É durante períodos de desemprego, separação, luto, divórcio que tudo desaba. Para que trabalhar, construir e às vezes até para que viver? Há tantas travessias de desertos na vida! Momentos em que não vemos mais a luz que nos guia.

Em cada um desses momentos, é essencial aceitar, ficar lá e ousar dizer a si mesmo: "Hoje, eu não vejo mais sentido no que estou vivendo, não compreendo, tudo é obscuro para mim e, ao mesmo tempo, eu sei, eu afirmo que minha vida tem um sentido, até quando eu não consigo vê-lo", como escrevia o autor de *Messias recalcitrante*: "O que a lagarta chama de fim do mundo o Mestre nomeia 'uma borboleta'. Sei que um dia farei algo de construtivo com o que está acontecendo comigo agora, sei que tudo o que se produz agora vai me permitir crescer e me tornar cada vez mais quem eu sou, mesmo que isso leve tempo."

Tendo acompanhado muitas pessoas atingidas pelo câncer, vimos o quanto elas podiam ser transformadas pela doença que as confrontava. A ameaça que pesava sobre elas as obrigava a procurar sentido para suas vidas. Questões intensas se lhes colocavam: "estou satisfeito com a minha vida? Se esta última tiver que acabar em breve, do que eu me arrependeria? O que é importante viver enquanto ainda disponho de um pouco de tempo? Como vou continuar vivendo se tiver o privilégio de sobreviver?"

Muitas pessoas nos afirmaram que a grave doença as havia interpelado profundamente e as havia ajudado a se tornar, finalmente, elas mesmas e a ousar manifestar o que elas eram realmente. Ao longo da vida, outros momentos também trazem interrogações e convidam o ser humano a analisar o sentido que ele dá à sua vida.

Para muitas mulheres, a independência dos filhos ao cabo de seus estudos, ou sua partida para fazer faculdade longe de casa, é um momento difícil. Se o sentido que elas tiverem atribuído à sua vida é colocar filhos no mundo e educá-los, então, elas chegaram ao final de seu trabalho e não vêem mais exatamente para que podem servir depois. Pode ser uma bela oportunidade de redefinir o sentido para suas vidas, o que, entretanto, não se faz sem sofrimento.

Na hora da aposentadoria, aqueles que tiverem encontrado um sentido para suas vidas através de uma atividade profissional podem ficar confrontados a um vazio extremamente doloroso: "para que eu sirvo agora?" Essa aposentadoria, às vezes tão esperada, marca uma ruptura na vida. Um homem que havia tido grandes responsabilidades em sua vida profissional nos descreveu assim a sua visão da aposentadoria: "os trabalhadores avançam bem alinhados em fileiras em direção a um precipício; todos os anos, a primeira fileira cai nesse precipício. Aqueles que caíram não têm mais importância, pois esta é dada àqueles que ainda caminham". A aposentadoria também pode ser uma transição, um momento em que novas escolhas são possíveis e no qual, ao invés de ficar ocupado em "fazer", pode-se se preocupar em "ser", viver, maravilhar-se com o que o universo nos oferece e desenvolver sua dimensão espiritual.

O último grande desafio é o envelhecimento. Quando a mobilidade se reduz, os sentidos se embotam e a memória falha, quando a morte leva aquele ou aquela com quem havíamos jurado viver até o fim, quando ela leva também todos os amigos, irmãos e às vezes até os filhos, nessa hora o sentido a dar à vida pode desaparecer novamente. "Não sirvo mais para nada", repetem as pessoas idosas, "não entendo por que ainda estou aqui!"

É no meio dessas circunstâncias que é indispensável afirmar que, se ainda estamos aqui, é porque ainda temos de aprender a dar ou receber alguma coisa.

A aproximação da morte constitui freqüentemente a última questão de sentido: por que morrer, para que serve a vida se um dia ela acaba? Essa questão será abordada no próximo capítulo.

Dar sentido à vida, mesmo com a aproximação da morte

– Como isso é possível? – perguntarão alguns. A morte não é o fim de tudo, a destruição, a negação do sentido?

O que conta hoje em dia não é a beleza, a juventude, a saúde, a riqueza, a vida vivida a cem por hora? Então, a morte que se aproxima pode permitir uma busca de sentido?

Grandes filósofos e teólogos se expressaram sobre essa questão fundamental. Louis Evely, por exemplo, em seu livro *Éterniser sa vie*[10] (ed. Centurion, 1991), postula que o mundo atual é fascinado pela juventude porque ele tem medo da morte e não possui armas para afrontá-la. Assim, a juventude e o dinheiro são as duas muralhas de segurança que nos permitem esquecer a morte.

Para Evely, é a ausência de sentido dada à vida que cria o medo da morte.

> Tantos seres humanos estão mortos antes de morrer, carregados unicamente por sua vida biológica, ao invés de utilizar esta última para criarem a si mesmos. Para ter condições de dar sentido à vida, mesmo com a aproximação da morte, é necessário estabelecer, a partir de agora, relações felizes, vivas, esti-

---

10. N.T.: *Eternizar a vida*.

> mulantes, que levem a um desabrochar, pois viveremos para sempre o que começarmos a viver hoje.

A graça da morte é de nos forçar a escolher entre o sentido e o aniquilamento.

Os meses e as semanas que precedem a morte por doença permitem àqueles que estão conscientes disso se preparar para morrer e, com freqüência, de maneira fulgurante, descobrir enfim o sentido que desejam dar à sua última etapa de vida.

Nas diversas situações de acompanhamento de pessoas no fim da vida que vivenciamos, reparamos que havia sete dimensões, em cujo centro aqueles que estavam morrendo ainda poderiam encontrar e dar sentido aos momentos que lhes restavam a viver:

1. Passar da tormenta à paz

Quando o fim da vida é precedido por uma doença de longa duração, como é com freqüência o caso para as pessoas em fim de vida que se beneficiam de cuidados paliativos, houve um longo caminho a atravessar feito de esperança, desânimo, tratamentos diversos, perdas, tensões, questões, decisões a tomar. A vida, mesmo antes da doença, foi feita de preocupações, estresse, confrontos, comparações, desejos contraditórios e, enfim, eis que chegamos ao momento em que é possível nos desapegarmos, uma vez que não há mais nada a combater. Uma concentração na qualidade do instante pode se operar e os olhos podem se abrir ao que há, à qualidade de vida que resta, ao amor, ao perdão e à paz interior.

Como dizia uma jovem que havia acabado de ser hospitalizada para cuidados paliativos:

> Estou incrivelmente em paz. É como se eu tivesse aceitado entregar as armas e viver o armistício da minha guerra interna.
>
> Isso que me deixa feliz, sim, acredito poder dizer "feliz"; é que estou vendo um novo sentido para minha vida: manter no interior de mim mesma essa paz que estou sentido e disseminá-la ao redor de mim.

2. Passar da "mentira" à verdade

Durante toda a nossa vida, usamos máscaras, vivemos papéis, estabelecemos relações com as máscaras dos outros e acontece de aceitarmos atuar em "peças inteiras" que duram anos com outros atores mascarados: casal, família, trabalho.

Acontece também, no sistema hospitalar, de nos anunciarem um resultado de exame, ao passo que nosso corpo grita o contrário para nós e de não nos darem as informações solicitadas.

Depois, quando as informações são finalmente comunicadas, calamos a realidade para proteger as pessoas próximas, nas quais percebemos a angústia ou, ao contrário, são elas que protegem o moribundo, cuja capacidade de encarar a realidade subestimam.

Viver plenamente o tempo que resta é poder ir em direção à abertura, ao abandono da máscara, à "verdade", que é, antes de tudo, uma relação, um clima, uma mobilização das forças do amor escondidas no lugar mais profundo de si, é dar sentido a esse tempo que resta.

3. Passar do medo ao amor

Viver sob uma máscara é ficar receoso quanto à idéia de que ela pode cair e nos revelar, é mostrar ao outro, aos outros, apenas uma parte de sua riqueza interior, é viver segundo o roteiro que nos deram para seguir.

Essa grande "tarefa", passar do medo ao amor, provavelmente é central para a pessoa que se aproxima de sua morte.

Desapegar-se das críticas e julgamentos em relação a si mesmo e aos outros, abandonar a angústia de: "o que será que eles vão pensar de mim?" para poder se aceitar e arriscar a relação com o outro, com o próximo, o enfermeiro, o acompanhante, arriscar a verdadeira intimidade com as pessoas mais importantes.

Passar do medo ao amor é ousar viver a doação que o outro nos faz e que fazemos ao outro.

4. Ir do exterior para o interior

A última etapa da vida freqüentemente permite se centrar, desapegar-se das contingências exteriores, das preocupações existenciais, ligadas à existência cotidiana, para ir em direção ao essencial, a essência da vida.

O tempo do morrer tem um enorme valor, tem um sentido: é o tempo de fechar o ciclo, preparar-se para passar para aquela outra vida, qualquer que seja o mistério que envolve essa representação.

Essa interioridade permite contatar mais intensamente a dimensão espiritual em si, oferecer um lugar maior a Deus, qualquer que seja o nome que lhe damos.

5. Passar da necessidade de provar algo à liberdade de ser quem somos

Toda a nossa cultura nos leva a fazer mais, a ter sucesso, a ser alguém, a ter objetivos, projetos, metas. É isso que faz com que o fim da vida seja tão aterrorizante, pois chegar lá é perceber que não há mais nada a provar, só nos resta ser quem somos, esse ser luminoso que recobrimos sob tantas máscaras durante tanto tempo.

Como bem dizia o poeta Jean Debruyne:

> O que dá medo não é morrer, mas a idéia que fazemos disso. Morrer só nos priva da liberdade se não tivermos sabido nos servir dela. Por trás do medo de morrer, há o medo secreto daquele que sempre precisa do carrasco para puni-lo pelos seus erros. Mas, justamente, morrer quebra o invólucro das aparências e a forma que mantinha o homem na alienação. É dizer que o medo de morrer não é nada mais do que a ilusão à qual queremos nos agarrar porque ela era capaz de nos fazer acreditar que possuir vale mais do que doar, e ganhar é melhor do que perder. É assim que, por medo de morrer, os homens se matam lentamente sob o peso da evidência...

Ser quem somos! Aceitar-se sem máscara! Viver o tempo que resta com serenidade.

6. Passar da busca de controle sobre a situação à tolerância e à aceitação do que está acontecendo

Ter poder, mostrar que sabemos, que podemos, que somos fortes e controlamos a situação é um modo de vida muito freqüente. Encarregar-se, encarregar-se de si mesmo é algo que a nossa sociedade valoriza bastante.

Nos últimos momentos da vida, às vezes, é necessário se desapegar do controle sobre a situação. Pode fazer bem aceitar ser ajudado, cercado por pessoas, aceitar o que está acontecendo, o estado no qual se encontra nosso corpo e o estágio da doença no qual estamos.

Como acreditávamos que a vida tinha sentido porque podíamos dar, torna-se possível compreender todo o sentido que também há a receber.

Isso demanda um aumento de nossa tolerância em relação ao que há, aceitar o que vem ao longo das horas, o que não é um negócio pequeno!

Aceitar o que há e encontrar nisso momentos de alegria e plenitude.

7. Por fim, a última "tarefa" da pessoa no final da vida é aceitar partir e deixar partir

Graf Dürckheim escrevia:

> A profundeza de nossa vida humana depende de nossa relação com a morte. Aquele que não vive sua morte não vive de jeito nenhum. Aquele que, ao contrário, a aceita passa para um outro pla-

no e conhece pouco a pouco a plenitude. A morte para ele se torna a grande iniciadora da Vida.

Em nossas sociedades de abundância e conforto, onde estão lado a lado o desejo de "sempre mais" e a angústia da incerteza, pode ser difícil partir. É preciso expandir seu olhar além do transitório para dirigi-lo ao que está acima do efêmero.

Aceitar partir é aceitar as mudanças que a vida nos impõe. No momento da morte, chegamos ao final do nosso caminho. Tudo o que tivermos construído permanecerá em seu lugar ou será completado por outra pessoa. Não levaremos nada conosco. De nossa passagem, só ficarão os laços que tivermos criado e o amor que tivermos oferecido.

Aceitar partir é aceitar que se desfaçam todos esses laços, construídos ao longo de anos, e também nos reconciliarmos com a própria vida, reconhecer que teremos sido "bons combatentes" da vida.

Aceitar partir inclui aceitar deixar partir tudo o que constituiu nossa vida e mesmo aceitar o desapego do que nos tivermos dado como sentido da vida no intuito de nos abrirmos para outra coisa, ao mistério, que não está no âmbito do conhecimento, mas sim da fé.

Viver as sete dimensões acima não é um programa a ser seguido nem uma seqüência de etapas a atravessar, cada um vive sua morte da sua maneira, coerente com a sua história de vida, o melhor que puder, humildemente.

No entanto, a aproximação da morte representa, para muitas pessoas que vivem esses momentos em plena consciência, uma última ocasião de dar sentido às suas vidas e, quando isso pode se produzir através de uma ou outra das dimensões descritas acima, todos aqueles que acompanham, cercam ou cuidam dessas pessoas são interpelados pela urgência que existe para cada um de viver intensamente e agora o sentido que elas dão às suas vidas.

Assim, a morte se torna para aquele que está morrendo e para as pessoas ao seu redor um convite para dar um significado a cada instante da vida.

Em *Eternizar a vida*, Louis Evely resumia essa idéia com as seguintes palavras:

> A verdadeira morte não é morrer, mas deixar de acreditar, parar de nascer... e paramos em qualquer idade! A verdadeira vida é continuar vivendo mesmo diante da morte.

Como dar sentido à vida aqui e agora

Dar sentido à vida, descobrir seus talentos, identificar sua "missão", para usar o termo de J. Monbourquette, eis a primeira exigência para viver ligado e plenamente. A segunda é saber dar um significado a cada instante vivido "colocando em prática" nossos valores mais fundamentais nas relações que estabelecemos e na maneira como abordamos os acontecimentos de nossa vida.

Nos capítulos anteriores, tomamos consciência de que é possível atribuir esse sentido mesmo no meio das crises, na velhice e até à beira da morte.

A questão que se coloca agora é: "'Como' posso dar um sentido à minha vida? Concretamente, como posso fazer?"

Pode-se afirmar que mesmo quando não está "consciente" da questão do sentido da vida, a grande maioria dos seres humanos procura, talvez sem sabê-lo, lutar contra a tentação do absurdo atribuindo sentido a alguma coisa. O sucesso de diversos cursos, sessões, livros que tratam do desenvolvimento pessoal é um aspecto dessa busca de sentido. "Quem sou eu? Por que estou aqui?" e, é claro, "Tudo isso tem sentido?"

Anos de análise, terapia, pesquisas em diversas direções podem trazer algumas pistas. As religiões também podem dar respostas que às vezes são "teóricas".

No entanto, ninguém pode se poupar de uma tomada de consciência e de uma busca pessoal. Não há resposta universal, há sempre um caminho a percorrer, caminho este que às vezes é escarpado e no qual é preciso pacientemente aceitar avançar.

O que é fantástico é que outros percorrem ainda ou já percorreram esse caminho em suas histórias que podem se tornar fonte de inspiração. Pode ser mais fácil então encontrar seu próprio caminho.

Nas páginas seguintes, proporemos algumas pistas, alguns meios, alguns exemplos. Nenhum deles representa a solução, trata-se simplesmente de indicações no meio do caminho.

As três questões importantes da vida

O grande escritor Tolstoi conta em alguma parte de sua imensa obra uma história que se parece com esta:

> O rei de um pequeno reino se colocava muitas questões no que dizia respeito ao sentido da vida. Essas questões o atormentavam e o impediam de desfrutar de um sono reparador.
>
> Seu grande camareiro se preocupava:
>
> – Sir, o senhor está com um ar cansado. O que o inquieta tanto?
>
> – Veja bem, camareiro, eu gostaria de conhecer o sentido da vida, o que é importante viver todos os dias.

– É uma questão bem complexa –, respondeu o camareiro. – Sir, o senhor poderia dividi-la em três questões mais simples e, a partir daí, eu chamarei todos os sábios do reino e eles lhe darão uma resposta.

O rei parou para pensar e formulou três questões: – Qual é o melhor momento para cada coisa? – Quais são as pessoas mais importantes na sua missão? – Qual é a coisa mais importante a fazer a todo momento?

Como ele havia sugerido, o grande camareiro anunciou em todo o reino que aqueles que pudessem responder às questões do rei seriam recompensados.

Todos os sábios do reino se dirigiram ao palácio e cada um ia com as suas respostas. Mas nenhuma satisfez o rei, cuja insônia voltou com força.

Não sabendo como consolar seu soberano bem-amado, o camareiro tentou se lembrar de tudo o que lhe haviam dito a propósito dos sábios do reino. Ele tomou consciência de que um deles não havia ido lá. Tratava-se de um ermitão muito velho e piedoso que vivia na montanha. Ele não se interessava pelos ricos e poderosos, mas recebia de bom grado os pobres e os camponeses do Reino que vinham consultá-lo.

Então, o camareiro aconselhou ao rei a ir, disfarçado de camponês, encontrar o ermitão. Divertindo-se com essa idéia, o rei foi ver o santo homem. Deixou sua escolta na entrada da floresta e continuou sozinho seu caminho até o ermitão, ordenando aos seus homens esperá-lo.

Chegando lá, o rei o viu trabalhando em seu jardim, suando bastante. Ele era bem velho e esse trabalho lhe era penoso. Vendo seu visitante, o ermitão interrompeu seu trabalho. O rei o saudou e lhe disse imediatamente suas três perguntas: qual é o melhor momento para cada coisa, quais são as pessoas mais importantes na sua missão e qual é a coisa mais importante a fazer a todo momento. O ermitão o escutou, sorriu, ficou silencioso e voltou a cavar.

Espantado, o rei disse então ao velho homem:

– O trabalho que o senhor está fazendo é penoso, deixe-me substituí-lo por um momento.

O ermitão lhe estendeu a pá e se sentou à sombra. Após trabalhar por certo tempo, o rei parou, virou-se para o ermitão e repetiu suas três perguntas. Este não respondeu, levantou-se e disse ao rei:

– Descanse então um momento, vou retomar o trabalho –, mas o rei recusou a oferta e continuou cavando. Já devia fazer umas duas horas que ele trabalhava a terra e também suava bastante, pois não estava acostumado a esse tipo de exercício. Finalmente, pôs de lado a pá e disse ao ermitão:

– Vim aqui para lhe fazer três perguntas. Se o senhor não puder me responder, diga logo para eu poder ir embora.

Nesse momento, um homem que parecia estar ferido correu com olhos selvagens na direção do rei; logo antes de chegar perto dele, perdeu a consciência e caiu. Abrindo sua túnica, o rei viu uma grande ferida que sangrava. Ele foi buscar água, limpou-a, estancou o sangramento e vestiu o homem com sua própria camisa. Depois, ajudado pelo ermitão, estendeu o estrangeiro sobre a cama na casinha do ermitão. A noite havia caído. Cansado, o rei adormeceu, sentado no chão da cabana. Quando acordou, o sol já estava alto. Ele viu o ermitão dar de beber ao ferido, que estava consciente. Ao ver o rei se aproximar, o estrangeiro disse:

– Sir, perdoe-me, eu vos suplico!

– Mas por que o senhor precisa me pedir perdão? – perguntou o rei.

Então, o estrangeiro contou a seguinte história:

– Vossa Majestade, vós não me conheceis, mas eu vos conheço. Vós não possuís inimigo pior do que eu; em uma de vossas batalhas, vós haveis matado meu irmão e tomado todos os meus bens. Quando eu soube que vós viríeis ver o ermitão sem vossa escolta, decidi vir vos matar. Esperei por horas que vós descêsseis da montanha, mas, não vos vendo chegar, decidi subir. Vossos soldados me reconheceram e me feriram no peito. Consegui subir até aqui. Se vós não houvésseis cuidado de mim, eu provavelmente estaria morto agora. Eu vos sou tão grato, que eu e minha casa vos serviremos para sempre. Majestade, acordais a mim vosso perdão!

O rei estava maravilhado ante a facilidade com que estava disposto a perdoar esse antigo inimigo. Não somente ele o perdoou, mas prometeu lhe restituir todos os seus bens, assim como lhe enviar seu próprio médico.

Chamando sua escolta, transportou o estrangeiro ao palácio para que ele pudesse ser tratado.

O rei, antes de partir, decidiu fazer suas três perguntas pela última vez ao ermitão. Ele se aproximou do velho homem, que estava alimentando seus pássaros.

Escutando-o, o ermitão lhe disse:

– Mas o senhor já tem a resposta às suas perguntas!

– Como assim? – inquiriu o Rei.

– Ontem, se o senhor não tivesse tido compaixão pela fraqueza devida à minha idade e não tivesse começado a cavar, teria sido atacado pelo seu inimigo. Assim, o momento mais importante foi o tempo passado trabalhando meu jardim, a pessoa mais importante era eu e a coisa mais importante era me ajudar.

> Quando o estrangeiro ferido chegou, o momento mais importante era aquele que o senhor passou cuidando de sua ferida. Se não tivesse feito isso, ele teria sangrado a noite toda e estaria morto e o senhor teria perdido a oportunidade de se reconciliar com um inimigo. A pessoa mais importante era esse estrangeiro e cuidar de sua ferida era a coisa a ser feita. Lembre-se disso, Majestade: o único momento importante é o agora. A pessoa mais importante é aquela com quem você está e a tarefa mais importante é fazer tudo o que estiver em suas mãos para poder permitir a essa pessoa que está ao seu lado ser feliz. É na resposta a essas três perguntas que reside o sentido da vida.
>
> Subjugado por essas respostas, o rei voltou para o seu palácio, aprendeu a colocar em prática o que o ermitão lhe havia ensinado e ele e todos os seus súditos viveram em harmonia todos os dias de sua vida.

Esse conto contém revelações muito profundas. Se cada um de nós pudesse colocar em prática essa sabedoria, quantos sofrimentos e dificuldades desapareceriam!

Dar importância ao que tem sentido

Nossas vidas são tão repletas de coisas a fazer, obrigações a honrar, pessoas, coisas materiais, informações, barulho e atividades, que podemos acabar atordoados. Então, a seguinte questão se coloca:

– O que é indispensável?
– O que é útil?
– O que é supérfluo ou irrisório?

Aprendemos a ocupar cada instante de nossas vidas e, às vezes, ocupados em segurar a vela, negligenciamos o leme.

Aonde estamos indo? Passamos nossos dias fazendo o quê? A quem ou ao que dedicamos nossa vida?

Um dia, o texto de um autor desconhecido chamou nossa atenção e o compartilhamos com você aqui:

> É o começo de um novo dia que Deus me deu para utilizar como eu quiser. Posso desperdiçá-lo como bem me entender. Posso desperdiçá-lo ou utilizá-lo para o bem. O que eu faço hoje é importante porque eu troco um dia da minha vida por isso.
>
> Quando o amanhã vier, este dia terá desaparecido para sempre deixando para trás aquilo pelo quê eu o troquei. Quero que se trate de um ganho e não de uma perda, de bem e não de mal, de sucesso e não de fracasso: de modo que eu não me arrependa do que ele me custou.

Desapegar-se do ressentimento, do rancor, do ódio para poder dar sentido à vida

Dar sentido à vida é, às vezes, consentir em se desapegar do ressentimento que podemos guardar em relação a um próximo, é abandonar seus "princípios rígidos", suas expectativas para abrir seu coração e perdoar. Por diversas vezes, fomos testemunhas da mudança extraordinária que se produz quando uma pessoa fechada nela mesma, não vendo mais sentido na vida, amarga e cínica, desapega-se de seu ressentimento e consente em se deixar tocar, experimentar compaixão por si mesma e pelo outro.

Gostaríamos de dividir com você a bela história de Mikis, o pintor de imagens sacras grego que a contou para nós: mais eloqüente do que conceitos e explicações teóricas, reproduzimo-la a seguir:

> O sol havia se posto muito cedo na cidade de Cos. Os turistas já se faziam raros nessa ilha grega e a maioria das lojas já haviam fechado. Algumas silhuetas se apressavam nas ruelas à procura das últimas provisões. Era véspera de Natal. Mikis, porém, estava tranqüilo. Em seu pequeno ateliê embranquecido por causa da cal e aquecido por um velho radiador elétrico, ele estava trabalhando numa imagem. Era seu trabalho. No verão, seu ateliê não se esvaziava de turistas, vindos para desfrutar das alegrias de um banho de sol garantido. Todos se extasiavam com a beleza das imagens de Mikis. O artista experimentava um orgulho certo, misturado às vezes de impaciência em relação a todas essas pessoas que consideravam as imagens como um souvenir original para levar a seus países.

Durante a bela estação, Mikis não sentia solidão, pois sempre estava ocupado em executar as muitas encomendas que recebia. Era a partir de novembro, sobretudo, que a solidão o envolvia. Quando as festas de fim de ano se preparavam, ele pensava em sua mulher, morta de câncer quinze anos antes, e em seu filho, morto num acidente em Atenas. Havia uma espécie de dor em seu peito quando ele pensava demais nisso. Essa dor o atingia particularmente quando pensava em sua filha. Ela não estava morta, mas, para seu pai, era como se estivesse. Ela nunca havia regressado de Paris, onde havia feito uma parte de seus estudos. Ela havia se casado lá, sem falar nada com ninguém, com um homem mais velho do que ela. Ele nunca havia podido perdoar isso. Indignado e humilhado, havia preferido "cortar relações". Havia dois anos que ele não tinha notícias dela. Ele havia até enviado de volta ao expedidor duas cartas que havia recebido de Paris.

Desde essa época, ele lutava contra uma imensa onda que às vezes ameaçava submergi-lo; essa onda se chamava "Para quê?" Mais nada tinha sentido para Mikis, a vida havia se tornado absurda, completamente vazia de sentido. Ele se perguntava por que continuava trabalhando.

Naquele 24 de dezembro, ele começou a pintar uma grande imagem da Virgem segurando o Menino Jesus. Fazia várias horas que ele trabalhava nisso, o rosto da Virgem aparecia claramente, um lindo rosto que lembrava sua própria mãe e, depois, sua mulher; ele repeliu a imagem de sua filha que também havia atravessado sua memória.

As horas passavam. Ele hesitou. Um grande cansaço o invadia, mas o medo de sentir o vazio e a solidão de seu ateliê o incitava a continuar trabalhando. Ele começou a pintar o Menino Jesus. Ele recomeçou várias vezes a mesma parte, espantado com a dificuldade de pintar esse rosto. Ele percebeu de repente que estava chorando e que as lágrimas embaçavam sua vista.

Então, deixando de lado os pincéis, ele deixou o caminho livre para sua tristeza e chorou por muito tempo. Sentado no meio de dezenas de imagens que povoavam seu ateliê, ele sentiu todos aqueles olhares sobre ele e a paz voltou ao seu coração.

Decidiu então ir dormir, atravessou a rua no frescor da noite para entrar em casa, deitou-se vestido na cama e adormeceu. Foi então que teve um sonho surpreendente: ele via sua mulher, ainda jovem, segurando no colo Vassiliki, sua filha. Havia tanto amor no olhar da mãe pela sua filha, tanto carinho! Depois de um tempo, sua mulher lhe estendeu a menina. Ele a pegou no colo e a contemplou durante muito tempo. Que lindo rosto, que inocência, que pureza! Ele não podia desviar seus olhos dessa criança. Então, bruscamente, ele acordou, levantou-se e foi para o seu ateliê pintar o Menino Jesus nos braços da Virgem. A imagem aparecia através de suas mãos experientes, o rosto da criança tomava forma, rosto este que se parecia estranhamente com o de Vassiliki.

À medida que tomava consciência dessa semelhança, algo se fundia dentro dele. Ele não sentia mais raiva, seu rancor ia embora e ele tomava consciência do orgulho que havia demonstrado. Mikis estava pasmo. Para onde tinha ido seu rancor?

Quanto mais ele olhava a imagem que ele estava pintando, mais o carinho invadia seu coração. Sim, ele havia sofrido, sofrido muito! A morte de sua esposa o havia aniquilado durante vários meses, a de seu filho havia levado a esperança de ver sua linhagem continuar. Por longos meses, havia ficado taciturno e deprimido. Vassiliki devia ter sofrido também.

Não encontrando nenhum apoio em Cos, talvez ela tivesse fugido para escapar do que lhe parecia difícil demais de viver. Mikis compreendia finalmente que o comportamento de sua filha era, talvez, um ato de coragem...

Talvez ele pudesse lhe escrever e lhe dizer que ele a compreendia, que ele não estava chateado com ela, que ela tinha o direito de viver sua vida, formar um lar com quem ela quisesse... Mas será que ela aceitaria sua carta, ou talvez ela também a enviasse de volta ao expedidor?

Mikis estava perdido em seus pensamentos quando ele se sobressaltou com o toque do telefone.

– Alô, aqui é o ateliê de imagens.

– Papai, aqui é Vassiliki. Estou na maternidade, acabei de ter um filho. Ele se chama Mikis e gostaria de conhecer seu avô. Você aceitaria vir a Paris no Reveillon? Uma passagem de avião o espera no aeroporto.

Foi com a voz estrangulada pela emoção que o pintor de imagens concordou. Ele se sentia leve, feliz. O carinho e a serenidade enchiam todo o seu ser.

A vida tinha novamente um sentido, cada instante estava repleto de sentido, porque ele havia consentido em ver a realidade com amor, ao invés de ressentimento e amargura. Mikis deu sentido à vida de novo.

Desapegar-se do ressentimento e perdoar liberam uma capacidade de reencontrar o essencial, retomar a serenidade em si mesmo e reencontrar ou dar sentido à vida.

Dar sentido à vida é cultivar a capacidade de estar atento, ligado

Viver ligado, consciente é estar atento a si mesmo, aos outros, ao mundo no qual se vive, à dimensão da transcendência.

Para viver essa qualidade de atenção que não nos é natural, precisamos de meios, pistas, pontos de referência.

É tão fácil se deixar ir à deriva nas águas da vida, ocupado com outras tarefas.

Um autor desconhecido escreveu uma vez: "A vida é o que passa sem que nos demos conta enquanto estamos ocupados fazendo outra coisa!"

Eis exatamente o nó do problema! Em que estamos ocupados? Sabemos para onde estamos indo? Estamos manifestando nossos valores importantes no cotidiano da vida ou nos contentamos em discorrer sobre os valores e a vida?

E depois, como aprender a estar atento? Estar atento a quê?

Essas questões nos são colocadas com freqüência nos cursos e seminários. É por isso que proporemos a você algumas pistas a tentar, rejeitar, transformar para que os caminhos que você tomar sejam realmente seus.

A importância de tomar um recuo

Todo atleta corredor de longa distância deve parar às vezes e descansar para retomar a corrida.

É por isso que os domingos e as férias foram criados. Mas quem ainda os utiliza com esse objetivo?

Que seja um dia, uma hora por dia ou dez minutos antes de se levantar ou adormecer, tomar um tempo para verificar sua rota e se colocar questões importantes é uma escolha para se tornar atento ao sentido da vida.

Nós propomos a você utilizar um caderno no qual você anotará alguns pontos importantes, regular e sucintamente, o que permite avaliar o caminho percorrido, ver o progresso e reencontrar os recursos utilizados para encarar os momentos difíceis. Um modo de facilitar esse trabalho consiste em escrever no começo do caderno:

- seus talentos específicos,
- seus valores fundamentais,
- seus objetivos,
- o sentido que você quer dar à sua vida.

Depois, cada manhã ou noite, escreva em linhas gerais o que aconteceu durante o dia identificando as situações concretas em que você esteve atento a você mesmo, aos outros, ao ambiente, nas quais você pôde viver seus valores, os sentidos de sua vida, na prática durante o dia.

Também é importante anotar as situações nas quais você não foi coerente com seus objetivos e valores, encontrar as razões disso e os meios de remediá-las.

Eis um exemplo: Nicole, enfermeira, anotou em seu caderno nos **talentos específicos**:

Eu gosto das pessoas, eu as respeito, tenho um bom contato com elas, tenho uma boa capacidade de escutar, posso ajudar os outros a enfrentarem as crises da vida.

Em **valores fundamentais**, ela escreveu:

- Respeito pela liberdade do outro
- Respeito pela vida
- Lealdade
- Generosidade
- Tolerância
- Abertura ao desconhecido
- Perseverança

Em **objetivos**, Nicole escreveu:

- Trabalhar num meio que me permita respeitar meus valores e utilizar meus talentos.
- Contribuir para aliviar o sofrimento físico e moral no mundo.
- Manter meu casal unido.
- Ser uma mãe suficientemente boa para meus filhos.
- Praticar minha religião com inteligência.
- Crescer e me desenvolver ao longo da minha vida.

Em **sentido da vida**, Nicole escreveu:

Crescer e me desenvolver favorecendo o crescimento, o bem-estar e a felicidade de todos aqueles que me cercam.

Na página do dia 15 de setembro, ela escreveu:

> Acompanhei uma família de luto com toda a compaixão da qual eu era capaz. Sinto-me bem com isso. Em alguns momentos, foi duro para mim e, contudo, fiquei com os membros dessa família todo o tempo que foi necessário.

Mais para frente, ela anotou:

> Ao meio-dia, fiquei nervosa porque Jean não havia me ligado para dizer se ele podia ou não buscar as crianças e descontei minha irritação na garçonete da lanchonete porque ela não havia registrado meu pedido e me serviu um prato que eu não queria. Rapidamente senti que não estava sendo coerente com meus valores fundamentais e que não havia relacionado o sentido da minha vida ao instante que eu estava vivendo! Estou muito cansada ultimamente, vou me organizar melhor!

Assim, dia após dia, Nicole desenvolve sua capacidade de atenção. Procurando viver seus valores no cotidiano, ela diz se sentir cada vez mais coerente e certa de ter dado um sentido à sua vida e de traduzi-lo no dia-a-dia em seus pensamentos, atos e palavras.

Nicole está convencida da importância da atenção quando se deseja dar sentido à vida. Ela está atenta também aos seus pensamentos que, na maior parte do tempo, precedem e subentendem a ação.

Ela colou no seu "caderno de sentido" um texto de Placide Gaboury que ela relê com muita freqüência e cujo conteúdo é:

> A menor intenção, pensamento, desejo são energias que o mental envia no universo como a planta acer ou o dente-de-leão espalham ao largo suas sementes. Tudo produz um efeito. Certos pensamentos podem aliás produzir um efeito mais importante do que um ato visível. É que a energia é mais sutil quando atinge o universo em seu nível mais elevado, a consciência. Todo pensamento continua se realizando até ser anulado por um outro mais potente. Então, é capital tornar seus pensamentos coerentes e positivos se quisermos contribuir para a evolução do mundo e, em contrapartida, receber em si mesmo efeitos positivos, que não podem deixar de se produzir. Pois o universo é nosso corpo, e "os outros" são nós mesmos. No fim das contas, é sempre a favor ou contra si mesmo que agimos.

Estar atento, ligado, consciente do que pensamos, dizemos e fazemos é a estrada real em direção à capacidade de dar sentido e viver plenamente sua vida.

Dar sentido à vida é aprender a abençoar os outros e não julgá-los

Enquanto seres humanos, temos expectativas em relação aos outros. Gostaríamos de ter pais perfeitos, gostaríamos que aqueles que nos cercam respondessem aos nossos critérios e se conformassem às nossas regras.

É por causa disso que a crítica é tão fácil. Julgar, criticar é espalhar em si e em torno de si uma atmosfera agitada e carente de serenidade, é perder de vista o desejo de dar sentido à vida.

É por isso que vários escritores recentes sublinharam a importância da bênção como antídoto ao comportamento de julgamento.

Entre eles, Pierre Pradervand produziu, alguns anos atrás, um magnífico texto ao final do qual escreveu: "Reprodução livre incentivada" e, em função disso, nós o oferecemos a você aqui:

> **A arte simples de abençoar**
>
> Ao acordar, abençoe seu dia, pois ele já transborda de uma abundância de bem que suas bênçãos farão aparecer. Pois abençoar significa reconhecer o bem infinito que é parte integrante da própria trama do universo. Ele só espera um sinal nosso para se manifestar.
>
> Cruzando com as pessoas na rua, no ônibus, no seu local de trabalho, abençoe a

todos. A paz de sua bênção será companheira do caminho delas e a aura de seu discreto perfume, uma luz nessa estrada.

Abençoe aqueles que encontrar quanto à sua saúde, trabalho, alegria, relação com Deus, com eles mesmos, e os outros. Abençoe-os de todas as formas concebíveis, pois tais bênçãos não semeiam somente as sementes da cura, mas um dia brotarão como muitas flores de alegria nos espaços áridos de sua própria vida.

Ao passear, abençoe seu vilarejo ou cidade, aqueles que a governam e os professores, enfermeiros e garis, padres e prostitutas. No exato instante em que alguém exprima a menor agressividade, raiva ou falta de bondade em relação a você, responda com uma bênção silenciosa: abençoe-o total, sincera e alegremente, pois tais bênçãos são um escudo que os protege da ignorância de suas maldades e desvia a flecha que está destinada a você.

Abençoar significa desejar e querer incondicional e totalmente, sem nenhuma reserva, o bem ilimitado – para os outros e os acontecimentos da vida – extraindo nas fontes mais profundas e íntimas de seu ser. Isso quer dizer reverenciar e considerar com um total maravilhamento o que é sempre um dom do Criador – não importando as aparências. Aquele que é carregado pela sua bênção é colocado de lado, consagrado, inteiro. Abençoar significa invocar a proteção divina sobre, pensar com um reconhecimento profundo em e falar com gratidão de alguém ou algo. Isso quer dizer também desejar a felicidade para alguém – mesmo que não sejamos nunca a fonte da bênção, mas simplesmente a testemunha alegre da abundância da vida.

De abençoar tudo e tudo sem discriminação alguma se constitui a forma extrema da doação, pois aqueles que você benze não saberão nunca de onde vem esse raio de sol que de repente atravessou as nuvens do céu deles, e você raramente será testemunha dessa luz em suas vidas.

Quando, durante o seu dia, algum acontecimento inesperado o perturba assim como a seus planos, exploda em bênçãos, pois a vida está lhe ensinando uma lição, mesmo que sua didática possa lhe parecer amarga. Esse acontecimento que você considera tão indesejável, na verdade, foi engendrado por você a fim de aprender a lição que se lhe escaparia se você hesitasse em abençoá-lo. As provações são bênçãos disfarçadas e hordas de anjos seguem seus traços.

Abençoar significa reconhecer uma beleza onipresente escondida aos olhos materiais. É ativar a lei universal da atração que, dos confins do universo, levará à sua vida exatamente aquilo de que você precisa no momento presente para crescer, progredir e encher a taça da sua alegria.

Quando você passar por uma prisão, abençoe seus moradores quanto à sua inocência e liberdade, sua bondade, a pureza de sua essência e seu perdão incondicional. Pois só podemos ser prisioneiros da imagem que possuímos de nós mesmos, e um homem livre pode caminhar sem correntes no pátio de uma prisão, assim como os cidadãos de um país livre podem ser prisioneiros quando o medo se instala em seu pensamento.

Quando você passar por um hospital, abençoe seus pacientes quanto à plenitude de sua saúde, pois, mesmo em seu sofrimento e doença, essa plenitude espera simplesmente ser descoberta. E quando você vir uma pessoa em prantos ou aparentemente maltratada pela vida, abençoe-a quanto à sua vitalidade e alegria: pois os sentidos materiais só apresentam o inverso do esplendor e perfeição extremos que somente o olho interior pode perceber.

É impossível abençoar e julgar ao mesmo tempo. Então, mantenha em você esse desejo de abençoar como uma incessante ressonância interior e uma perpétua oração silenciosa, pois assim você será um dos que proporcionam a paz e, um dia, você descobrirá em todo lugar a própria face de Deus.

* * *

P.S.: E, acima de tudo, não se esqueça de abençoar essa pessoa maravilhosa, totalmente bela quanto à sua verdadeira natureza e tão digna de amor que é você.

Pierre Pradervand, extraído de *Vivre sa spiritualité au quotidien*[11], Éd. Jouvence.

(Reprodução livre incentivada)

Quando uma pessoa não pode mais "ser útil" aos outros em atos precisos porque sua doença ou velhice a impedem de se movimentar, ela pode ainda "benzer" todos aqueles que se aproximam dela ou que estão longe, mas nos quais ela pensa.

Nunca se falará o bastante sobre a importância dessa bênção, que é a forma mais simples da oração para os outros.

---

11. N.T.: *Viver sua espiritualidade no cotidiano*, em tradução livre.

O sentido da vida e o desenvolvimento da dimensão espiritual

Desenvolver a dimensão espiritual em si é se deixar interpelar pela questão do sentido da vida.

Um grande número de pessoas pelo mundo encontra um sentido para sua vida na fé, valores e práticas religiosas. A fé pode trazer uma consolação, a força para enfrentar os momentos difíceis e um guia de conduta para a vida do dia-a-dia. O pertencimento a uma comunidade de fiéis traz igualmente um apoio social e encoraja a auto-estima.

Isso é especialmente verdade quando o pertencimento a uma religião não é percebido como esmagador ou limitador, quando se trata de uma religião que respeita a liberdade fundamental do ser humano e sua responsabilidade de dar um sentido pessoal à sua vida.

O desenvolvimento da espiritualidade em si e a clarificação do sentido a dar à vida andam juntos.

De fato, desenvolver sua dimensão espiritual consiste, segundo Dürkheim, em determinar para si o que é "essencial" e a dar cada vez menos importância ao que é "existencial", ou seja, identificar o que é fundamental na vida e o que não o é. É também tomar consciência dessa busca inerente, segundo ele, a todo ser humano e que o leva a procurar entrar em contato com um Todo Outro, qualquer que seja o nome que lhe damos.

Uma transcendência que, na fé cristã, é uma pessoa divina à qual se pode estar ligado.

OS MEIOS À DISPOSIÇÃO PARA DESENVOLVER A DIMENSÃO ESPIRITUAL E SUA CAPACIDADE DE DAR, DESSA FORMA, SENTIDO À VIDA

Desenvolver a dimensão espiritual é se ligar a essa necessidade interna de viver uma vida significativa, que valha a pena ser vivida, e à necessidade de se abrir à dimensão da transcendência. Cada religião oferece pistas, meios de consegui-lo.

No cristianismo, a oração, a contemplação, a leitura da Bíblia, os sacramentos são meios de responder às necessidades de espiritualidade.

No budismo, várias formas de meditação permitem aos praticantes se conectar ao seu verdadeiro ser. Sogyal Rinpoché, autor de *O livro tibetano do viver e do morrer*, ensina uma prática que pode levar aquele que se entrega a ela regularmente a desenvolver sua motivação compassiva e sua devoção. Trata-se do que se nomeia "p'owa". Essa prática não somente pode ser útil àquele que a faz, mas também, segundo ele, àqueles que atravessam um período de grandes sofrimentos ou que se aproximam da morte. Ela pode ser realizada para os outros, quando ficamos sabendo que uma catástrofe se produziu, ou quando nos sentimos impotentes para ajudar, é possível oferecer essa prática às vítimas.

Eis essa meditação que pode ser feita por qualquer pessoa:

Em posição sentada, trata-se de acalmar seu espírito, por exemplo ficando consciente de sua respiração, prestando atenção nela. Invoque em seguida a presença de um ser divino e veja essa presença sob a forma de uma luz benfeitora, radiante. Sinta essa presença divina como viva e enérgica, real. Veja-a olhar para você com bondade.

Se ver um ser divino não lhe convier, você pode imaginar que essa presença luminosa é simplesmente a encarnação da verdade. Na calma interior que você conseguiu criar em si, estabeleça uma ligação pessoal com essa presença luminosa. Considere agora o que, em você, precisa de perdão, bênção, purificação. Pode ser culpa, ressentimentos, rancor, pensamentos negativos ou problemas físicos. Abra-se então a essa presença luminosa, peça-lhe para ajudá-lo. Ela lhe enviará imediatamente raios luminosos e poderosos que dissiparão todos os seus pensamentos negativos, medos e o preencherão de confiança, amor e paz. Visualize essa profunda bênção e aceite-a com reconhecimento.

Permanecendo nessa mesma serenidade, você pode efetuar essa mesma prática, procedendo exatamente da mesma forma, para alguém, um ser querido que está sofrendo. A única diferença é que a presença luminosa se encontra acima da pessoa em dificuldade e a inunda com seus raios purificadores, transformando assim todo o seu ser.

> Praticar o p'owa para si e para os outros pode ser uma escolha que contribua para dar sentido à vida e ao mesmo tempo aprofundar em si a dimensão espiritual.

Desenvolver sua espiritualidade não quer dizer necessariamente praticar uma religião, mas significa:

- tornar-se sempre mais consciente, ligado;
- tornar-se sempre mais responsável do sentido que se dá à sua vida;
- tornar-se sempre mais aberto aos outros e ao universo.

O ser humano não está sempre consciente de sua necessidade de espiritualidade. Às vezes, isso se manifesta por um desejo de partir, deixar seu meio, fugir do conhecido, por uma sede de ver outra coisa, um desejo que alhures, enfim, a vida seja diferente.

É com freqüência nessa fuga desvairada no barulho, nos lazeres, no atordoamento que bem poderia se esconder essa necessidade de Absoluto, de sentido, de relação com um Deus.

Conclusão

Chegamos aqui ao fim desta viagem através das dimensões do sentido a dar à vida. O que é o sentido, como dá-lo, sobretudo quando passamos pelas crises da vida ou nos aproximamos da morte. Por meio das "histórias de sentido", analisamos a trajetória de vida de algumas pessoas que souberam dar sentido às suas vidas.

Concluir uma reflexão sobre o sentido da vida é impossível, pois cada instante de vida traz novos elementos, novos desafios, novas experiências. Tentar um discurso sobre o sentido a dar à vida é se arriscar demais, pois trata-se de um caminho pessoal, até mesmo íntimo, uma iniciativa que dura uma existência inteira.

No entanto, vários temas podem ser identificados agora que chegamos ao cabo desta reflexão:

1) A complexidade: a dimensão do sentido da vida pode ser compreendida, compartilhada, vivida de mil maneiras diferentes, o que supõe que não há verdade definitiva.

2) A evolução: para cada pessoa, a dimensão do sentido evolui permanentemente enquanto o contexto muda e o amadurecimento tem lugar.

3) A plena consciência: toda reflexão sobre o sentido da vida exige lucidez, a capacidade de estar consciente do que estamos vivendo.

4) A necessidade-urgência: a vida é um dom inestimável, que não deve ser desperdiçado. Vivê-la plenamente dando-lhe sentido é uma necessidade incontornável.

5) A responsabilidade pessoal: ninguém pode nos dar as chaves do sentido de nossa vida. É tarefa de cada um assumir a responsabilidade de construir esse sentido.

6) O discernimento: trata-se de uma capacidade de desenvolver aquilo que permite estar atento, no cotidiano e em cada instante, aos sinais que surgem em nosso caminho e que nos propõem o caminho a ser seguido.

Esperamos que você encontre esse sentido a dar à sua vida, porque ela é extraordinariamente importante, única e insubstituível. O que constitui você, seus genes, suas características, inteligência e experiências não se encontrarão nunca mais de maneira igual no universo, ninguém poderá viver a sua vida.

É por isso que é urgente lhe dar um sentido e dar a cada instante de sua vida seu pleno significado.

É o que desejamos a você!

Boa viagem.

Bibliografia

BOULARD, Henri. *O homem diante da liberdade.* São Paulo: Loyola, 1994.

CARTER-SCOTT, Cherie. *Se o sucesso é um jogo, estas são as regras*. Rio de Janeiro, Rocco, 2001.

DALAI-LAMA. *Le sens de la vie*. [s.l.]: J'ai Lu, 1996 [O sentido da vida].

DASS, Ram. *Vieillir en pleine conscience*. [s.l.]: Le Relié, 2002 [Envelhecer em plena consciência].

DE MELLO, Anthony. *Quand la conscience s'éveille*. [s.l.]: Bellarmin, 1994 [Quando a consciência desperta].

EVELY, Louis. *Eterniser sa vie*. [s.l.]: Centurion, 1991 [Eternizar sua vida].

FERRY, Luc. *L'homme-Dieu ou le sens de la vie*. [s.l.]: Grasset, 1996 [O homem-Deus ou o sentido da vida].

FRANKL, Viktor. *Raisons de vivre*. [s.l.]: Du Tricorne, 1993 [Razões para viver].

______ *Em busca de sentido* – Um psicólogo no campo de concentração. Petrópolis: Vozes, 1991.

GUÉNARD, Tim. *Tagueurs d'espérance*. [s.l.]: Presses de la Renaissance, 2002 [Grafiteiros da esperança].

__________ *Mais forte que o ódio*. Porto: Livros do Brasil, 2005.

LELOUP, Jean-Yves. *O absurdo e a graça*. Campinas: Verus, 2003.

LONGAKER, Christine. *Esperança diante da morte*. Rio de Janeiro: Rocco, 2007.

SALOMÉ, Jacques. *A coragem de ser você mesmo*. Campinas: Verus, 2004.

SINGER, Christiane. *Para onde você vai com tanta pressa, se o céu está em você?* São Paulo: Martins Fontes, 2005.

______ *O lado positivo das crises*. Lisboa: Ésquilo.

SOGYAL, Rinpoché. *O livro tibetano do viver e do morrer*. São Paulo: Palas Athena, 1999.